Florence

Uitgeverij ANWB

Inhoud

Het belangrijkste eerst
blz. 4

Dit is Florence
blz. 6

Florence in cijfers
blz. 8

Wat is waar?
blz. 10

Kodakmoment
De sound van de stad
blz. 12
Stad en rivier
blz. 14
Tijdelijke kunst
blz. 16

Het kompas van Florence
15 manieren om je onder te dompelen in de stad
blz. 18

De navel van de wereld –
Ponte Vecchio
blz. 20

Kunstpalazzo –
Galleria degli Uffizi
blz. 24

In het machtscentrum –
Piazza della Signoria
blz. 28

Eindeloze bouwgeschiedenis
– **de Duomo**
blz. 32

Hartje stad –
**Piazza della Repubblica
en Dante-buurt**
blz. 36

Gucci en Pucci –
rond de Via Tornabuoni
blz. 41

Volmaakte harmonie –
Santa Maria Novella
blz. 45

Pane e vino –
Mercato Centrale di San Lorenzo
blz. 48

De wereld van de familie De'Medici –
de wijk San Lorenzo
blz. 52

De studentenwijk –
San Marco
blz. 56

Piazza, bella piazza –
rond de Santa Croce
blz. 60

In- en uitzicht –
San Miniato al Monte en San Niccolòwijk
blz. 63

Vorstelijke pracht –
Palazzo Pitti en Giardino di Boboli
blz. 66

Renaissancetempels –
Santo Spirito en Cappella Brancacci
blz. 70

In de wijk van de ambachtslieden – **Oltrarno**
blz. 74

Museumlandschap van Florence
blz. 78

De kerken van Florence
blz. 81

Palazzo's van patriciërs
blz. 83

Pauze, even rebooten
blz. 84

Overnachten
blz. 86

Eten en drinken
blz. 90

Winkelen
blz. 98

Uitgaan
blz. 104

Reisinformatie
blz. 110

Hoe zegt u?
blz. 114

Register
blz. 115

Fotoverantwoording
blz. 126

Colofon
blz. 127

Herinner je je deze nog?
blz. 128

Het belangrijkste eerst

Tegen de stroom in
Je kunt de stad verkennen vanaf de Ponte Vecchio, zoals deze reisgids voorstelt, of je begint bij een panoramisch uitzicht in de geurige Giardino delle Rose. Dan daal je weer af en laat je je meevoeren door het straatleven in Oltrarno – te midden van kunstenaarsateliers en trattoria's.

Altijd aan de rivier
Zoek bij mooi weer een plekje aan de Arno, zoals aan het stadsstrand Easy Living (▶ blz. 107) in de schaduw van de middeleeuwse San Niccolò-toren. Met uitzicht op de trage, voorbijstromende rivier kun je lekker relaxen en de nieuwe indrukken de revue laten passeren.

De Duomo van boven
Meestal strekken de rijen bezoekers voor de dom zich uit over de hele Piazza San Giovanni. Maar je kunt ze allemaal te slim af zijn en in de Biblioteca delle Oblate met de lift omhoogzoeven naar de Caffeteria (▶ blz. 35). Zowel in het café als op het dakterras heb je het mooiste uitzicht op de koepel van de Duomo Santa Maria delle Fiore. Bovendien worden hier cappuccino, lekkere taart en kleine gerechtjes geserveerd.

Het volle leven
Bij Macelleria Nerbone (▶ blz. 49) aan de Mercato Centrale zie je in een uurtje meer Florentijns leven dan op welke plek in de stad ook. Op de houten bankjes voor de traditionele slagerij kun je de bedrijvigheid mooi bekijken en daarbij een portie *lampredotto* (pens) of olijven en een glas chianti proeven.

Florence in de ochtendschemer
Als je zonder een massa toeristengezelschappen op de Ponte Vecchio wilt staan, moet je al bij het krieken van de dag op pad. Zoek dan boven op de zonnewijzer, rechts van de Cellini-buste, de kleine stenen salamander. Die zal je de hele dag geluk brengen.

Het belangrijkste eerst

Florence in de regen
Laat je niet afschrikken door een regenachtige dag. Bij regen toont Florence zijn ware gezicht. En in het museum is het op zijn allermooist als het buiten miezert. Zelfs het uitzicht van het dakterras van de Galleria degli Uffizi over de dom krijgt dan een heel bijzonder tintje.

Picknick in het park
Le Cascine (▶ blz. 84) is het Central Park van Florence. Daar gaan mensen joggen of skateboarden of wordt op het groene gras een picknickkleed uitgespreid. Het klassieke menu voor buiten bestaat uit stevig Toscaans brood, ham uit Siena, *casciotta*-kaas, pizza bianca, olijven en wijn. De *alimentari* (levensmiddelenzaken) in de stad stellen graag een picknick voor je samen.

Hoezo oud?
Naast de oude meesters Leonardo da Vinci en Michelangelo vind je in Florence ook moderne kunst, bijvoorbeeld in de Galerie Strozzina in het Palazzo Strozzi en bij de Biennale d´Arte Contemporanea, waar film, foto's, sculpturen en schilderkunst worden tentoongesteld.

Room with a view
Dit is een van de bekendste films die in de stad aan de Arno spelen. Regisseur James Ivory maakte de opnames in 1985 in het hotel Degli Orafi. Wie andere filmscènes uit Florence wil zien, kan plaatsnemen in de minibioscoop onder het dak van het museum Novecento (▶ blz. 78).

Florence is de eerste Italiaanse stad die ik leerde kennen en liefhebben. Inmiddels woon ik in Rome, maar dankzij mijn werk als journalist kan ik vaak afreizen naar de stad aan de Arno. Als ik door de middeleeuwse straatjes van Florence slenter, ontdek ik ook tegenwoordig nog altijd nieuwe verborgen pareltjes.

Vragen? Ideeën?
Laat het me weten! Mijn adres bij de ANWB

 anwbmedia@anwb.nl

Dit is Florence

De Florentijnen vinden dat zij stijlvoller gekleed gaan dan de rest van de bevolking van de Laars, dat zij het beste Italiaans spreken en dat Florence de mooiste stad van de wereld is. De andere Italianen vinden de Florentijnen altijd een tikje te arrogant en denken dat ze gewoon het geluk hebben om in een stad met unieke kunstschatten te wonen. Zoals altijd hebben ze allemaal een beetje gelijk.

Florentijns of Arabisch?
De Florentijnen zijn terecht trots op hun taal, de taal van Dante, Petrarca en Boccaccio. Deze dichters brachten in de 14e eeuw als eersten hun werk niet uit in het Latijn, maar in de Italiaanse volkstaal. Maar door veel mensen wordt betwijfeld of het bij het moderne Florentijns wel om het echte hoog-Italiaans gaat. In 1817 meldde de Franse schrijver Stendhal in zijn werk *Rome, Naples et Florence*: 'Ik haastte me naar het theater *Hohomero* – zo spreekt men hier het woord *Cocomero* uit. Het veel geroemde Florentijns heeft me vreselijk teleurgesteld. Even dacht ik dat ze Arabisch spraken.'

Duizelingwekkend mooi
Dat de Florentijnen de C als een H uitspreken, doet niets af aan de bewondering van Stendhal voor de kunstschatten van de stad. Bij de bezichtiging van de fresco's in de Santa Croce werd hij bevangen door duizelingen, wat tot op heden het 'Stendhalsyndroom' wordt genoemd. Niet alle bezoekers worden zo meegesleept door de schoonheid van de Florentijnse kunst, maar de meeste komen daar wel voor. Alleen in Florence kom je op elke straathoek de wereld van de De'Medici's, unieke renaissanceschilderijen en imposante bouwwerken tegen.

Dagelijks leven
De Florentijnen hebben moeite met hun stadscentrum, dat steeds meer het domein van toeristen en internationale modeketens lijkt. De huren zijn er te hoog voor gewone gezinnen, die meestal in Oltrarno of in de buitenwijken wonen. Veel bewoners werken in het centrum, maar gaan toch voor het middageten op de scooter naar huis. Want bij het eten hecht men aan traditie en dat betekent een bord *pasta* of *minestra* als lunch. Wie alleen een korte pauze heeft, probeert een warm gerecht of een salade te bemachtigen in een van de vele en overvolle lunchrestaurants, die vaak de Toscaanse specialiteiten bereiden. Culinair internationaal en hip gaat het eraan toe in de studentenwijk San Lorenzo en rond de Piazza Santo Spirito in Oltrarno, waar jonge mensen etnische en veganistische restaurants runnen.

Uitgesproken gemeenschapszin
Florence is niet alleen de zetel van een stadsbestuur dat altijd voor onafhankelijkheid heeft gestreden, het is ook de hoofdstad van een regio met een bijzondere klank: 'Toscane' – land van glooiende heuvels, cipressen,

Dit is Florence

Het plein voor de dom en het baptisterium is het domein van voetgangers, soms zwieren er fietsers langs.

chianti en vakantie. Maar Toscane staat ook voor een lange politieke traditie van coöperaties die hun stempel op de regio en de gemeenschap hebben gedrukt. Nog steeds profiteren de boeren daar economisch van. Het openbare leven, de maatschappelijke structuren, het openbaar vervoer en de integratie van minderheden – alles functioneert hier (en in het naburige Emilia-Romagna) soepeler dan in andere Italiaanse streken. Florence wordt – net als de regio Toscane – al sinds de Tweede Wereldoorlog bestuurd door een linkse regering en is een van de welvarendste steden van Italië.

Verkeersopstoppingen

Waar de Florentijnen ook naartoe gaan, ze gaan altijd op de *motorino* (scooter). Als voetganger word je in de smalle straatjes altijd door ze omringd. Voor het middeleeuwse stadshart van Florence blijft het verkeer een probleem dat eigenlijk nooit werkelijk wordt opgelost. Veel jongeren hebben de fiets als vervoermiddel ontdekt. Het fietspadennet is inmiddels al bijna 85 km lang. Bovendien rijden er vandaag de dag milieuvriendelijke, elektrische bussen.

Snikhete zomers

's Zomers, als de temperatuur in de stad oploopt tot 40°C, vluchten de Florentijnen naar de kust of naar het platteland. Ze zijn dol op hun stad, maar voor het klimaat hebben ze geen goed woord over. 's Winters is het aan de Arno vochtig en koud, 's zomers broeierig. Er steekt maar zelden een frisse bries op, hoogstens in de vroege ochtenduurtjes. Dat zijn de mooiste momenten in Florence. Wie 's ochtends niet vroeg wil opstaan om dit mee te maken, moet maar gewoon wakker blijven.

Florence in cijfers

2e
hoofdstad van de nieuwe staat Italië: in 1865 nam Florence deze status over van Turijn

3,54
gram goud is er nodig voor een gouden florijn, die vanaf 1252 in Florence werd geslagen

6
ballen vormen het familiewapen van de De'Medici's

7
bruggen in Florence werden in 1944 opgeblazen door de Duitse soldaten, alleen de Ponte Vecchio bleef gespaard

27
spelers per team stoeien om de bal bij het Calcio Storico op de Piazza Santa Croce. Na 50 minuten is de wedstrijd beslist

2
uur moet de traditionele 'ribollita' (groentesoep) op het vuur staan

33
kilometer ten oosten van de stad ligt Vinci, de geboorteplaats van de grote kunstenaar Leonardo, die jarenlang in Florence woonde

35
jaar UNESCO-werelderfgoed viert Florence in 2017. Het historische centrum kreeg in 1982 als derde locatie in Italië die status

17
mensen kwamen in 1966 om bij de grote overstroming

50
euro is de boete voor het bevestigen van een hangslot op het hek voor de Cellini-buste op de Ponte Vecchio

72
musea telt Florence in totaal

85
kilometer lang is het fietspadennetwerk van de stad

400
euro kost een kistje met bladgoud om heiligenbeelden en engeltjes te vergulden

700
euro ben je minimaal kwijt voor een paar damesschoenen in de traditionele schoenmakerij Mannina

277
kilo springstof ontploften in 1993 in de autobom voor het Uffizi. Bij deze maffia-aanslag kwamen vijf mensen om, delen van het museum raakten zwaar beschadigd

9.000.000
bezoekers komen er jaarlijks naar de stad, bijna 30 keer zoveel als er Florentijnen zijn. Alleen al 2 miljoen bezoekers gaan naar het Uffizi

Wat is waar?

Florence is geen museum, maar een springlevende stad – ook dankzij de jonge mensen die uit alle windstreken hier komen wonen en vakantie vieren. Ze hebben interesse in kunst, cultuur en cafés. Elke wijk biedt zijn eigen karakteristieke mix. En het mooiste is: alle attracties zijn te voet of met de fiets te bereiken.

Het stadscentrum

Het stadscentrum strekt zich uit tussen het **treinstation** (⌘ D 3) in het westen, de **Ponte Vecchio** (⌘ E 5) en het **Uffizi** (⌘ E/F 5) aan de Arno in het zuiden, de **Giardino dei Semplici** (⌘ F/G 3) in het noorden en de **Piazza Santa Croce** (⌘ G 5) in het oosten. In dit gebied is alles te belopen en er zijn grote voetgangerszones. Openbaar vervoer is dus meestal niet nodig. Het stadscentrum wordt omringd door de nieuwere woonwijken.

Piazza della Signoria

Het centrale en belangrijkste plein is **Piazza della Signoria** (⌘ F 5). Hier ligt het Palazzo Vecchio, hier sluit het Uffizi aan en hier begint aan de Via Calzaiuoli ook het beroemde winkelgebied met alle denkbare soorten modezaken en souvenirwinkels. De cafés op de piazza zitten ondanks de hoge prijzen altijd vol. Voor de Loggia dei Lanzi proberen schoolklassen en reisgezelschappen een schaduwrijk plekje te vinden. De piazza is al ruim 700 jaar het wereldlijk centrum van Florence, waar de bewoners over het wel en wee van hun stad beslissen. Vanhier is het maar een paar minuten lopen naar de twee andere grote pleinen in het stadscentrum, de **Piazza San Giovanni** (⌘ E/F 4) en de **Piazza della Repubblica** (⌘ E 4). In de Romeinse tijd was de Piazza della Repubblica, nu met tal van beroemde cafés, het centrum van Florence. Nu is het van de toeristen.

De historische wijken

De vier historische wijken van Florence zijn Santa Maria Novella, San Giovanni, Santa Croce en Santo Spirito. In het gebied rond de gotische basiliek **Santa Maria Novella** (⌘ D/E 4) vind je het patriciërspalazzo van de Strozzi's en de kerk Santa Trinità. **San Giovanni** (⌘ E/F 4) met zijn baptisterium (doopkapel), dom en campanile (vrijstaande klokkentoren) vormt het hart van de stad. Tot deze wijk behoort ook de microkosmos van de De'Medici's: de kerk San Lorenzo en het Palazzo Medici Riccardi. In **Santa Croce** werd in de directe omgeving van de basiliek (⌘ F/G 5) eeuwenlang leer bewerkt; uit veel straatnamen valt dat nog af te leiden. De wijk **Santo Spirito** (⌘ D/E 5/6) ligt aan de overkant van de rivier, in Oltrarno (wat letterlijk 'over de Arno' betekent).

Als je in Florence je hotel wilt terugvinden, moet je weten hoe het Florentijnse **huisnummersysteem** werkt. Dit bestaat uit een dubbele nummering: de zwarte (deels blauwe) nummers horen bij woonhuizen en hotels, de rode nummers met een 'r' van *rosso* horen bij winkels, bedrijven en restaurants. De nummeringen lopen onafhankelijk van elkaar. Bij elk adres moet je dus van tevoren weten onder welke nummering het valt. Een huisnummer alleen is niet genoeg.

Wat is waar?

Oltrarno

Als je de Ponto Vecchio oversteekt, kom je in de wijk 'over de Arno'. In **Oltrarno** woonden vroeger arme ambachtslieden en wolwerkers, tot in 1550 de familie De'Medici hier het **Palazzo Pitti** (🕮 D/E 6) betrok. Zij en hun gevolg hadden meubels en decoratie voor hun woonhuizen nodig. Zo ontstonden tussen de **Porta San Frediano** (🕮 C 5) en de **Porta San Niccolò** (🕮 G 6) de beroemde werkplaatsen van Oltrarno, die de oude ambachten ook nu nog perfect beheersen en traditionele producten vervaardigen als met de hand bedrukt papier, vergulde schilderijlijsten, kopergravures, maatschoenen en siersmeedwerk. Momenteel worden in Oltrarno door jonge mensen uit de hele wereld steeds meer restaurants, ateliers, kleine galeries en winkels met snuisterijen en designkleding geopend. Hier vind je ook de mooiste parken en groenvoorzieningen van de stad: het renaissancepark **Giardino di Boboli** (🕮 D/E 6/7), de Engelse tuin van de **Villa Bardini** (🕮 F 6) en de in het voorjaar heerlijk geurende **Giardino delle Rose** (🕮 G 6), de rozentuin die bovendien een weids uitzicht over de stad te bieden heeft.

Openluchtmuseum

Deze omschrijving heeft Florence werkelijk verdiend: alleen hier is de renaissance bij elke stap zo levend en aanwezig en alleen hier kun je op zo'n klein oppervlak zoveel meesterwerken van de architectuur en beeldhouwkunst zien. Intussen zijn de *David* van Michelangelo op de **Piazza della Signoria** (🕮 F 5) en andere beelden vervangen door kopieën, om ze te beschermen tegen de luchtvervuiling, smog en diefstal, maar dat maakt het effect van de unieke monumenten onder de blote hemel er niet minder om. En in dit fantastische openluchtmuseum zie je niet alleen de werken van de grote meesters en de harmonieuze palazzo's van patriciërs – de getuigen van het leven in de renaissance – maar ook de minder opvallende, al net zo sierlijke Madonna-altaren die de nissen van talloze huisgevels vullen.

Kodakmoment

De sound van de stad

Op de scooter door Florence scheuren – in 1961 deden Rock Hudson en Gina Lollobrigida dat al in de film *Come september*. Ze werden gevolgd door vele anderen. Het is een klassieker van het ware vakantiegevoel. Maar de sfeer van vrijheid kent zijn grenzen als je met honderden andere scooterrijders in het overvolle centrum voor het stoplicht staat. Daarom zijn veel Florentijnen overgestapt op de fiets. Het geknetter van de *motorini* hoort echter nog altijd bij de kenmerkende sound van de Italiaanse stad.

Stad en rivier

Aan de Arno ontstaan twee verschillende beelden van de stad. Van de Lungarno voor het Uffizi kijk je op de zee van huizen en *botteghe* van Oltrarno. Maar wie aan de overkant staat, bijvoorbeeld naast de toren van San Niccolò, ziet in het avondlicht de domkoepel glanzen. De rivier verdeelt de stad, maar vormt ook zijn levensader. En hij geeft een moment van ontspanning, als je er de tijd voor neemt.

Tijdelijke kunst

In Florence kom je de kunst bij elke stap tegen – niet alleen in het museum, ook op straat – letterlijk. Ware asfaltkunstenaars tekenen hun krijtschilderijen uit de losse pols op het domplein of op Piazza della Repubblica. Anderen plakken eerst een kant-en-klaar sjabloon op het plaveisel. Bijna allemaal kopiëren ze grote meesters als Botticelli en Michelangelo. Maar alleen echte asfaltschilders schenken de toeschouwers tijdelijke schoonheid. Een zomerse plensbui kan het werk waaraan ze urenlang hebben gewerkt in een paar minuten tijd wegspoelen.

Het kompas van Florence

#2
Kunstpalazzo – **Galleria degli Uffizi**

#3
In het machtscentrum – **Piazza della Signoria**

DE MACHT VAN BEELDEN

#1
De navel van de wereld – **Ponte Vecchio**

DE BRUG der BRUGGEN

ZIT + Bewond

WAAR BEGIN IK?

Kopergravures en cocktails

#15
In de wijk van de ambachtslieden – **Oltrarno**

PARELS VAN DE RENAISSANCE

Hierin wil je verdwalen...

#14
Renaissancetempels – **Santo Spirito en Cappella Brancacci**

BOVEN DE DAKEN VAN DE STAD

#13
Vorstelijke pracht – **Palazzo Pitti en Giardino di Boboli**

#12
In- en uitzicht – **San Miniato al Monte en San Niccolòwijk**

15 manieren om je onder te dompelen in de stad

De navel van de wereld – **Ponte Vecchio**

Iedereen kent hem, deze brug met zijn kleine huisjes die als vogelnesten boven de Arno hangen. Hier komen toeristen uit de hele wereld samen en bij zonsondergang is het een en al romantiek. Bezoekers komen niet alleen voor de blingbling van de juweliers, maar willen ook het unieke gevoel ervaren op een van de oudste bruggen van Europa te staan.

Ponte Vecchio, brug der bruggen. En waar heb je het mooiste uitzicht erop? Vanaf de buurbruggen natuurlijk: de Ponte alle Grazie in het oosten en de Ponte Santa Trinità in het westen.

Van lente tot herfst is de **Ponte Vecchio** 1 ('de oude brug') het domein van de toeristen. Alleen op regenachtige winterdagen krijgen de Florentijnen 'hun' brug terug. Meestal houden ze dan bezorgd de Arno in de gaten, die met de regen aanzwelt, de stad al meer dan eens blank heeft

Ponte Vecchio *#1*

Je onderdanen afluisteren? Dat deden de De'Medici's aan de vensterloze tralieramen van de Corridoio Vasariano, hier konden ze de Ponte Vecchio goed overzien. Maar de hoofdattractie van de Vasarigang is de unieke verzameling van ruim 7000 zelfportretten, zoals van Artemisia Gentileschi, Albrecht Dürer, Giorgio de Chirico en Joseph Beuys.

gezet en de brug heeft verwoest. De laatste watersnood die delen van de binnenstad vernielde was in 1966. Toen is het voor de Ponte Vecchio maar net goed afgelopen.

Onwelriekende dampen

Op dit punt, waar de Arno op z'n smalst is, werd al in de Romeinse tijd de eerste brug gebouwd. Maar die eerste brug werd al snel door het hoogwater meegesleurd, evenals de volgende. De huidige brug dateert uit 1354. De constructie van de stabiele, vlakke bogen was een architectonische nieuwigheid en een voorbeeld voor andere overspanningen, zoals de Rialtobrug in Venetië. In 1442 werd de Ponte Vecchio het terrein van de lokale slachters en vilders, zodat het centrum niet meer te lijden had van stank en vleesafval. Om ruimte te winnen bouwden de slagers achter hun winkels de kleine huisjes die de brug zo karakteristiek maken.

In 1565 liet Cosimo I de'Medici, stadsbestuurder en kunstbeschermer, een gang bouwen tussen het bestuursgebouw Palazzo Vecchio en het Palazzo Pitti, waar de De'Medici's woonden. Deze 1,5 km lange gang, de **Corridoio Vasariano** 2 genoemd (naar de architect Giorgio Vasari), liep dwars door het Uffizi en over de winkels op de Ponte Vecchio (en dat is nog zo). De uitgang vind je bij de Bacchinofontein in de Bobolituin in Oltrarno.

#1 Ponte Vecchio

Op de Ponte Vecchio na werden in de Tweede Wereldoorlog alle Florentijnse bruggen door nazisoldaten verwoest. In de jaren 50 werden ze herbouwd. De mooiste brug over de Arno is de **Ponte Santa Trinità** 3, met op de hoeken beelden van de Vier Jaargetijden. Deze brug dateert uit 1257. Bij de wederopbouw ontbrak het hoofd van de Primavera. Er werd een beloning uitgeloofd, zonder resultaat, maar in 1961 werd het hoofd teruggevonden op de bodem van de Arno.

Omdat de De'Medici's bij hun oversteek over de brug last kregen van de slachtgeuren, vervingen zij in 1593 de slagers door een deftiger gilde: dat van de goudsmeden, die nog altijd heer en meester zijn op de brug.

Het is niet alles goud wat er blinkt

De souvenirfoto op de Ponte Vecchio laat geen Florencebezoeker aan zijn neus voorbijgaan. Er zijn al miljoenen exemplaren van deze foto en hij zal nog miljoenen keren worden gemaakt. Maar dat maakt het kiekje er niet minder aantrekkelijk om. Op het smalle pad tussen de ouderwetse houten vitrines van de beroemde juwelierszaken heerst een enorme drukte. De kakofonie van de vele verschillende talen en geluiden overstemt inmiddels zelfs de muziek van de straatartiesten.

De **juweliers** zijn goed voorbereid op de toeloop van toeristen. Ze verkopen kleinoden in elke prijsklasse: van verzilverde miniatuurdomkerken tot fijnbewerkte gouden oorbellen. Neem eens een kijkje bij het aanbod van **Gherardi**, dat gespecialiseerd is in koraal. Bij **Fratelli Piccini** vind je moderne designsieraden van trendy merken.

Het gewicht van de liefde

De Ponte Vecchio wordt in het midden onderbroken door een **loggia** met drie bogen, waardoor je bij zonsondergang een romantisch zicht hebt op de rivier en de oevers van de Arno. Hier komen jongeren uit de hele wereld bij elkaar. Midden in het gewoel staat de streng ogende **buste van Benvenuto Cellini**, een beroemde goudsmid en kunstenaar uit Florence.

De jongeren komen echter niet voor het beeld, maar voor het hek eromheen. Jarenlang hebben geliefden hangsloten aan de spijlen gehangen in de hoop op eeuwige liefde: *'Per sempre'*. Een bord van de gemeente verbiedt de nogal zware *lucchetti dell'amore*, op straffe van een boete van € 50. Maar dat schrikt de meeste stelletjes niet af.

Ook in andere steden is deze traditie, die in Florence zou zijn ontstaan, uitgegroeid tot een massafenomeen. Volgens het verhaal bevestigden studenten van de plaatselijke verplegingsacademie San Giorgio na een geslaagd eindexamen de sloten van hun kluisjes op het hek van de Ponte Vecchio.

Ponte Vecchio #1

Uitneembare kaart E/F 5/6

Onder de Ponte Vecchio door

Een bijzonder uitzicht op de Ponte Vecchio heb je tijdens een tochtje met de **renaioli** ❶. In vroeger tijden voeren de schippers in hun houten boten de Arno-oevers af om het zand op de rivierbedding uit te graven en aan de meester-bouwers van de stad te verkopen. Nu worden de traditionele boten, die ze met lange stokken voortduwen, gebruikt voor rondvaarten. Zowel stellen als groepen kunnen een tochtje maken. De boten vertrekken bij de Lungarno Diaz (ter hoogte van de Piazza Mentana) en varen langs het Uffizi en de Gang van Vasari, onder de Ponte Vecchio door en verder tot de Ponte Trinità en het Palazzo Corsini. Je kunt een gids huren, maar dat hoeft niet.

→ OM DE HOEK

Een heel mooi uitzicht op de Ponte Vecchio en de trage, voorbijstromende Arno biedt de **Golden View Open Bar** ❶ (Via de' Bardi 58, reserveren is noodzakelijk, op tel. 055 21 45 02 of info@goldenviewopenbar.com, dag. 7.30-1 uur, menu € 60-80, pizza vanaf € 8) in Oltrarno, meteen links van de brug. Dit etablissement in een chic design is tegelijkertijd een café, een restaurant en een cocktailbar. Je kunt aan de toog een cappuccino drinken of in het restaurant Florentijnse biefstuk en visspecialiteiten bestellen, maar ook alleen een pizza eten. 's Avonds kun je hier terecht voor cocktails en livejazz.

INFO EN OPENINGSTIJDEN

Juwelierszaken op de Ponte Vecchio ❶: ma.-zo. 10-20 uur, in de winter tot 19.30, soms op ma.-ochtend gesloten

Corridoio Vasariano ❷: alleen toegankelijk met een rondleiding (3,5 uur), start bij het Uffizi, info op www.firenzeturismo.it of tel. 055 29 08 32

Renaioli ❶: tel. 347 798 23 56, www.renaioli.it, 45 min., volwassene in een kleine groep € 15, kind tot 12 jaar € 7,50, kind tot 7 jaar gratis; reserveren

ETEN EN DRINKEN

Bij de **Bottega del Gelato** ❷ (Via Por Santa Maria 33r, tel. 055 239 65 50, dag. 7-24 uur) kun je in stijl aan een ijsje likken – in alle smaken, kleuren en vormen. Deze ijssalon is iets duurder, maar de moeite waard!

Kunstpalazzo –
Galleria degli Uffizi

Hier gaat het hart van iedere kunstliefhebber sneller kloppen. Het Uffizi behoort tot de oudste en grootste kunstverzamelingen ter wereld. Pas op: in de 45 zalen worden bijna 2000 meesterwerken getoond, dus maak een keuze.

Genoeg plaats voor beschermers van de kunst: in de lange gangen van het Uffizi konden de De'Medici's hun verzamelwoede uitleven.

Zoals de rijken in alle tijden waren ook de De' Medici's hartstochtelijke verzamelaars. De lange gangen van de **Galleria degli Uffizi** 1 boden het perfecte kader voor de presentatie van hun kunstschatten. Cosimo I bezat objecten uit Afrika en Amerika. Anna Maria Luisa, de laatste telg van deze familie, verzamelde gouden en ivoren objecten en sieraden. In 1737 liet ze haar collecties na aan de familie Lorena (Lotharingen) onder

Galleria degli Uffizi #2

voorwaarde dat ze toegankelijk zouden blijven voor het Florentijnse volk. De verzameling vormt nog altijd de kern van de voornaamste musea van Florence, zoals het Bargello, Museo Archeologico en Museo degli Argenti. Het Uffizi behoort met het Louvre in Parijs en het Prado in Madrid tot de belangrijkste musea ter wereld. Elk jaar komen er bijna twee miljoen bezoekers.

Kunst in plaats van ambtelijke documenten

Het U-vormige paleis werd in 1560 in opdracht van groothertog Cosimo I de'Medici gebouwd om ruimte te bieden aan de kantoren (*uffizi*) van het stadsbestuur. Het Uffizi werd in 1581 in gebruik genomen door Cosimo's zoon Francesco I. Op de bovenste verdieping, waar veel daglicht komt, richtte hij expositiezalen in voor de kunstcollecties van de familie. Een van de mooiste stukken in de collectie was de 'Medici-Venus', een meesterwerk van de klassieke beeldhouwkunst dat nog altijd te bekijken is in de achthoekige **Tribunezaal** (zaal 18).

De drie gangen van het Uffizi waren oorspronkelijk open loggia's waar Romeinse borstbeelden, sculpturen en portretten werden tentoongesteld (voor een deel staan ze er nu weer). Loggia betekent ook *galleria* (tunnel, gang) in het Italiaans. Met de Galleria degli Uffizi werd voor het eerst in de geschiedenis een schilderijenverzameling 'galerij' genoemd.

Grootse aanwezigheid van renaissanceschilders

Als je geen tijd hebt om twee of drie dagen aan de Galleria degli Uffizi te besteden, kun je je bezoek het best voor vertrek plannen. Er zijn bovendien te veel kunstschatten voor één ochtend. Bestel kaartjes, zodat je niet in de rij hoeft te staan voor de kassa, en zoek van tevoren uit welke schilderijen en voorwerpen je graag wilt zien. De website van het museum helpt bij de voorbereiding. Mis in geen geval de *Geboorte van Venus* van Sandro Botticelli en de *Aanbidding der koningen* van Leonardo da Vinci.

Op de **derde verdieping** liggen de 45 zalen met Europese kunst uit de 12e tot de 18e eeuw. Centraal staan de Florentijnse renaissanceschilders,

Ongelofelijk: de **façade van het Uffizi** bestaat gewoon uit cement. Giorgio Vasari, die de bouw leidde, was een voorstander van moderne technieken en gebruikte dit bouwmateriaal hier voor het eerst. De estheten onder zijn vakgenoten waren natuurlijk woedend. Binnen de nieuwe, harmonieuze buitenschil liggen oudere gebouwen: een romaanse kerk en een munterij. De Galleria degli Uffizi is het belangrijkste voorbeeld van de manieristische architectuur in Florence.

▶ INFO

Op de website **www.uffizi.org/museo** vind je een plattegrond en een beschrijving in het Engels en het Italiaans van de zalen en kunstwerken.

#2 Galleria degli Uffizi

maar er hangen ook schilderijen van andere belangrijke Italiaanse en Europese kunstenaars. Tot mijn persoonlijke favorieten behoren *Tronende Madonna* van Cimabue en een paneel met hetzelfde onderwerp door Giotto (zaal 2), de *Geboorte van Venus* en *Primavera* van Botticelli (10-14), de *Aanbidding der koningen* van Leonardo da Vinci (15), de *Venus van Urbino* van Titiaan (83), de tondo (een rond schilderij) met *De heilige familie* (35) van Michelangelo en het portret van een dame van Goya (45).

Sinds de uitbreiding van het Uffizi met vier ongenummerde zalen gaat het bezoek op de **tweede verdieping** verder. Een van de zalen is gewijd aan de barokschilder Caravaggio (1571-1610), met onder meer zijn *Bacchus* en *Het hoofd van Medusa*.

INFO EN OPENINGSTIJDEN

Galleria degli Uffizi 1: Piazzale degli Uffizi 6, www.uffizi.org/museo, di.-zo. 8.15-18.50 uur, toegang tot 45 minuten voor sluiting, € 8.
Kaartjes reserveren: tel. 055 29 48 83, toeslag € 4. Absoluut reserveren, in het hoogseizoen minstens vier weken van tevoren. De kaartjes moe-ten een halfuur voor entree worden afgehaald, anders vervallen ze.
Let op: er zijn drie ingangen: een voor losse kaartjes, een voor groepen en een voor gereserveerde kaartjes.

ETEN EN DRINKEN

Na het bekijken van al die beroemde kunstwerken kun je even op adem komen in de **Caffetteria** 1, die achter zaal 45 te vinden is aan het einde van de westelijke gang. Dit museumcafé ligt op de derde verdieping op een terras boven de Loggia dei Lanzi. Je betaalt hier overigens pittige prijzen: ca. € 5 voor een kopje koffie, maar dan heb je wel een uniek uitzicht op de levendige Piazza della Signoria en een schitterend uitzicht op de koepel van de dom en het Palazzo Vecchio – ook nog mooi als het regent! De Caffetteria is alleen toegankelijk tijdens officiële openingstijden voor bezoekers van het Uffizi.

BOEKEN IN PLAATS VAN GRAAN

Aan de achterzijde van het Uffizi, op de hoek Via dei Neri en Via dei Castellani, staat rechts de **Loggia del Grano**, die in 1619 door Giulio Parigi werd gebouwd. De bovenste magazijnen dienden als graanpakhuis. In de loggia onder de bogen werd het graan verkocht. Nu is hier van donderdag t/m zondag een markt voor antiquarische boeken.

Uitneembare kaart E/F 5

Galleria degli Uffizi #2

Dagelijkse kost in het museum: hier keert bijvoorbeeld de Kruisiging van Perugino na een restauratie op zijn plaats terug.

→ OM DE HOEK

Natuurwetenschappelijke ontdekkingen

Loop je verder richting Arno de Via dei Castellani in, dan zie je rechts het **Museo Galileo** 2 (Piazza Giudici 1, www.museogalileo.it, ma., wo.-zo. 9.30-18, di. 9.30-13 uur, € 9), dat een interessant kijkje geeft in de geschiedenis van de natuurwetenschappen. Zo zie je hier de lenzen waarmee hofastronoom Galileo Galilei de manen van Jupiter ontdekte, die hij 'Medicea Sidera' noemde, en een klok uit de 16e eeuw die naar tekeningen van Leonardo da Vinci werd gebouwd.

Wijnstraat

In de nabijgelegen **Via dei Neri** vind je de ene wijnbar na de andere. De bekendste is de **Antico Vinaio** 2 (Via dei Neri 75r, dag. 8-22 uur, panini € 3,50-5), een karakteristiek café met stagelegenheid, waar je terecht kunt voor een glas wijn met wat kaas of worst. Hier kun je zelf *panini* (broodjes) samenstellen met Toscaanse specialiteiten als venkelsalami of in reepjes gesneden speenvarken. De rijen wachtende toeristen zijn echter vaak te lang als je maag knort, zelfs in de winter. Mijn tip: wijk uit naar **La Prosciutteria** 3 (Via dei Neri 54r, dag. 10.30-23 uur, glas wijn vanaf € 2,50, schotel met kaas en worst voor 2 personen vanaf € 10), een paar huizen verder aan dezelfde kant van de straat. Te midden van de geurige uitgestalde hammen van dit establissement vind je een groot assortiment met Toscaanse wijnen en *taglieri* (vleeswarenschotels) voor zowel de kleine als de grote trek.

Na al die mooie kunst is een kleine versterking in de Via dei Neri heel aanlokkelijk.

In het machtscentrum – Piazza della Signoria

Nergens anders ter wereld vallen beelden van Michelangelo en Donatello zo comfortabel vanaf een terrasje te bewonderen – voor zover er tenminste plaats is. Al sinds de middeleeuwen besturen de Florentijnen hun stad vanuit het aangrenzende Palazzo Vecchio. Dit paleis was bovendien de woning van de De'Medici's.

De Marzocco, het symbool van de stad, waakt bij de ingang van het Palazzo Vecchio over de Piazza della Signoria.

Op een zonnige dag in Florence zijn alle fonteintrappen, stenen bankjes en terrassen op de **Piazza della Signoria** volledig bezet. Midden op het plein wachten de huurkoetsiers slaperig op klanten, daaromheen zoeken toeristen hun groep of het

Piazza della Signoria *#3*

Op de tweede verdieping van het Palazzo Vecchio ligt de Cappella di Eleonora, de De' Medici-huiskapel, met griezelige afbeeldingen van duivels.

mooiste plekje voor een foto. De piazza en het allesoverheersende Palazzo Vecchio zijn het wereldlijke centrum van de stad, waar al eeuwenlang over het lot van de Florentijnen wordt beslist. In de middeleeuwen vonden hier bloedige gevechten plaats tussen de keizergezinde Ghibellijnen en de pausgezinde Welfen.

Symbool van stadsvrijheid

Het begin 14e eeuw gebouwde **Palazzo Vecchio** 1 is tot op de dag van vandaag het symbool van de vrije stad. Florence was indertijd een republikeinse stadsstaat en in het machtige stenen paleis met de 94 m hoge klokkentoren werden de hoogste ambtsdragers ondergebracht. Dit waren de *signori*; het aangrenzende plein is naar hen genoemd. In 1434 namen de De'Medici's de macht over en honderd jaar later werd het Palazzo Vecchio hun residentie. Toen de De'Medici's naar het Palazzo Pitti verhuisden, werd het paleis op de Piazza della Signoria 'het oude paleis' gedoopt.

Bij de ingang staan kopieën van twee beroemde beelden: de **David** van Michelangelo en **Judith en Holofernes**, een bronzen groep van Donatello. Voor het paleis zie je ook de **Marzocco**, het stadssymbool: een leeuw met het stadswapen dat een rode lelie omvat. In een van de vleugels van het paleis is nog altijd het gemeentebestuur gevestigd.

De ruimtes van de De'Medici's op de eerste en tweede verdieping zijn toegankelijk voor bezichtiging. Op de eerste verdieping kom je eerst

Ook de De'Medici's moesten wel eens. Als je bij de rondleiding in de hertogelijke vertrekken op de tweede verdieping van het Palazzo Vecchio goed oplet, zie je houten deuren in de muren, die niet altijd vergrendeld zijn. Daarachter bevinden zich **miniprivaten en wasbekkens**, aangesloten op het verborgen afvoersysteem in de dikke muren.

#3 Piazza della Signoria

INFO EN OPENINGSTIJDEN
Palazzo Vecchio 1: Piazza della Signoria, http://museicivicifiorentini.comune.fi.it/palazzovecchio, vr.-wo. 9-23 (okt.-mrt. 9-19), do. 9-14 uur, € 10 incl. Teatro Romano; **Torre di Arnolfo:** vr.-wo. 9-21, do. 9-14 uur, € 10.

Café Rivoire 1: Piazza della Signoria, www.rivoire.it, di.-zo. 8-24 uur.

GEHEIME ROUTES PALAZZO VECCHIO
Tijdens een circa 1 uur durende rondleiding, die ook kleine museumhaters zal aanspreken, verklapt de gids de geheimen van het Palazzo Vecchio: verborgen gangen, trappetjes in de paleismuren en de studeerkamers van de vorsten (Tesoretto e Studiolo: online te boeken op www.florence-tickets.com).

ETEN EN DRINKEN
Veel restaurants aan het plein zijn zeer toeristisch en duur, maar bij het nabijgelegen **Dei Frescobaldi** 2 (Via dei Magazzini 2-4r, ma. 12-14.30, di.-zo. 12-14.30, 19-22.30 uur, pasta € 11-20, hoofdgerecht € 15-25) eten ook Florentijnen. Als je achter de Neptunusfontein links afslaat, is het maar 5 minuten lopen. Deze chique bar heeft bovendien tafeltjes buiten (ook om te eten). De wijnkaart biedt o.a. de Toscaanse Frescobaldi.

Uitneembare kaart E/F 5

Palazzo Vecchio

in de **Zaal van de Vijfhonderd**. De plafonds zijn beschilderd met voorstellingen uit de Florentijnse geschiedenis en afbeeldingen van heldendaden van Cosimo I de'Medici. Daarnaast vind je de **studeerkamer van Francesco I**, met belangrijke laatmaniëristische schilderkunst. Vanhier voert een geheime trap naar boven: de Scala del Duca di Atene kun je beklimmen in het kader van een rondleiding. Op de tweede verdieping liggen de *quartieri*, de **vertrekken van Cosimo I** en zijn vrouw Eleonora van Toledo.

Verborgen onder het palazzo liggen de fundamenten van het antieke **Teatro Romano**; beetje bij beetje worden ze toegankelijk gemaakt voor het publiek. Als je een goed overzicht wilt krijgen, kun je ook de 94 m hoge **Torre di Arnolfo** beklimmen. De imposante toren is genoemd naar de vermoedelijke architect van het Palazzo Vecchio, Arnolfo di Cambio (1232-1302).

Piazza della Signoria #3

Museum onder de blote hemel

Na een bezoek aan het paleis kun je het best snel een tafeltje bemachtigen voor het beroemde **café Rivoire** ❶, vooral als de zon ondergaat en de gevels een warme gouden gloed krijgen. Voor een kop warme chocolademelk met slagroom aan een tafel betaal je € 8, maar dan heb je ook een prachtig uitzicht over het hele plein.

Rechts ligt de **Loggia dei Lanzi** ❷, genoemd naar de *lanzichenecchi* (lansknechten) van de De'Medici's, die in de galerij waren gehuisvest. Nu staan hier beroemde beelden: onder de rechterboog de *Roof van de Sabijnse maagden* van Giambologna, links *Perseus* van de beeldhouwer en goudsmid Benvenuto Cellini, wiens borstbeeld de wacht houdt op de Ponte Vecchio.

Links op de piazza zit **Cosimo I op zijn paard**. Dit monument, waar Giambologna van 1587 tot 1595 aan werkte, is het eerste publieke ruitermonument van een vorst. Daarachter, naast het Palazzo Vecchio, zie je de **Neptunusfontein** van Bartolomeo Ammanati (1575), die meestal bezet is door scholieren. Midden op het plein, bij de huurkoetsen, is in het plaveisel een gedenkplaat voor de monnik Girolamo Savonarola aangebracht. Hij bekritiseerde de luxe en ijdelheid van de Florentijnen en organiseerde boekverbrandingen op het plein. In 1498 werd hij hier ironisch genoeg zelf als ketter verbrand.

De piazza is omgeven door renaissancepaleizen van rijke families. De gevel van het **Palazzo Uguccioni** ❸ aan de noordkant, geïnspireerd op het werk van Rafaël, is al 500 jaar beeldbepalend. In het **Palazzo Bombicci** ❹, op de hoek van de Via dei Calzaiuoli, valt een gemeentelijke collectie moderne kunst te zien. In 1359 bouwden de Florentijnen aan de oostzijde van het plein hun handelsrechtbank, het **Tribunale della Mercanzia** ❺. Hier is nu het museum van het modehuis Gucci ondergebracht.

Vele oude meesters verstopten portretten van zichzelf in hun kunstwerken. Bekijk eens goed de Perseus *van Cellini in de Loggia dei Lanzi. Zie je het gezicht in de nek van het beeld? En het portret in de gevel van het Palazzo Vecchio, rechts van de ingang, zou door Michelangelo zijn gemaakt en hemzelf kunnen voorstellen.*

→ OM DE HOEK

In de Via Condotta, links van de piazza, kun je heerlijk slenteren langs typisch Florentijnse winkels. Hier is al 100 jaar de **Cartoleria Vannucchi** 🛈 (Via della Condotta 26r, ma.-za. 10-19.30 uur) gevestigd, met schrijfwaren van traditioneel Florentijns papier en leer.

Eindeloze bouwgeschiedenis – **de Duomo**

De dom staat ingeklemd tussen middeleeuwse steegjes, maar is met zijn indrukwekkende koepel hét symbool van de stad en een must voor iedere bezoeker. Ook het adembenemende uitzicht op de klokkentoren en de Poort van het Paradijs, die naar het baptisterium leidt, mag je niet missen.

De koepel van de Duomo is bedekt met hemelse taferelen. In het hart van het fresco schilderden Giorgio Vasari en Federico Zuccari Het Laatste Oordeel.

De **Piazza del Duomo** werd tientallen jaren beheerst door het verkeer, maar is nu voetgangersgebied. Niet alleen de bezoekers, ook de Florentijnen zijn daar blij mee: eindelijk kunnen ze weer lekker slenteren tussen baptisterium, dom en campanile en op de fiets over het plein zwieren.

De Duomo #4

De door smog vervuilde marmeren gevels worden een voor een allemaal schoongemaakt. Dat is de stad verplicht aan zijn dom, die van Florence een stad van superlatieven heeft gemaakt. Want met een lengte van 153 m en een breedte van 38 m biedt de **Duomo Santa Maria del Fiore** 1 plaats aan maar liefst 20.000 gelovigen. Bij de inwijding in 1436 was dit de grootste kerk van heel Europa, die later alleen werd overtroffen door de Sint-Pieter in Rome, de St-Paul's in Londen en de dom van Milaan. Geen enkel ander renaissancegebouw in Italië is zo'n mooi voorbeeld van artistiek en technisch vakmanschap als de dom in Florence.

Meester in zijn vak

De bouw duurde meer dan honderd jaar – ook een record. Bouwmeester Arnolfo di Cambio legde in 1296 de eerste steen. Na zijn dood trok de stad grote namen aan als Giotto, Andrea Pisano en Francesco Talenti. Zij voltooiden de toren en het schip van de kerk. Tot slot was er het probleem van de reusachtige **koepel**, dat de toenmalige sterarchitect Filippo Brunelleschi moest oplossen. Hij richtte zich op technieken die hij van Romeinse ruïnes kende: hij bouwde de koepel op ringen van dwars geplaatste bakstenen die elkaar ondersteunen. Het resultaat was een schijnbaar vrij zwevende, statig oprijzende koepel die tot op vandaag de hoofdattractie van het domcomplex is en die bij een beklimming van de trap van dichtbij kan worden bewonderd.

In de strak en sober ingedeelde ruimte is maar weinig over van de oorspronkelijke inrichting. Wel bewaard gebleven zijn de **gebrandschilderde ramen** van Lorenzo Ghiberti, Donatello, Paolo Uccello en Andrea Castagno. Opvallend zijn de vele **graf- en eremonumenten** die de Florentijnen in hun 'staatskerk' plaatsten voor verdienstelijke legerleiders, denkers en dichters. In de rechterzijbeuk zie je een tondo met de buste van Brunelleschi, in 1447 geschonken door de burgers. De bouwmeester is begraven in de crypte van Santa Reparata onder de dom. De tondo voor Giotto werd in 1490 ontworpen door Benedetto da Maiano. Tot de bekendste kunstwerken in de dom behoren de **ruiterfresco's** van Uccello en Castagno en het beroemde **portret** van de dichter

De arbeiders die Brunelleschi's domkoepel bouwden, zouden het recept van **peposo**, een pittige goulash, hebben bedacht. In de oven bakten ze bij de stenen voor de koepel runderspier – de stenen werden hard, maar het vlees zacht. Daarna werd het gestoofd in een saus met wijn, brood en veel peper *(pepe)*. Dit gerecht is ook wel bekend onder de naam *peposo del Brunelleschi*.

Duomo Santa Maria del Fiore

#4 De Duomo

INFO EN OPENINGSTIJDEN
Duomo Santa Maria del Fiore 1:
Piazza del Duomo, ma.-wo., vr. 10-17, do. 10-16, za. 10-16.45, zo., feestdagen 13.30-16.45 uur, toegang gratis; **koepel**: zo.-vr. 8.30-19, za. 8.30-17.40 uur; **campanile** 2: Piazza del Duomo, dag. 8.30-19.30 uur; **baptisterium** 3: Piazza San Giovanni, ma.-za. 11.15-19, zo. 8.30-14, eerste za. van de maand 8.30-14 uur; **Museo dell'Opera del Duomo** 4: Piazza del Duomo 9, ma.-za. 9-19.30, zo. 9-13.40 uur.
Combikaartje: € 15 (48 uur geldig).

ETEN EN DRINKEN
In de **Gelateria Edoardo** 1 (Piazza del Duomo 45r, dag. 11-22 uur) lik je aan biologisch ijs en vruchtensorbets in versgebakken wafelhoorntjes.

Uitneembare kaart E/F 4

Dante Alighieri met zijn *Divina Commedia*, dat is vervaardigd door Domenico di Michelino.

Toscaans panorama
Rechts van de domingang zie je de elegante **campanile** 2, een van de mooiste klokkentorens van Italië. Hij werd in 1334 ontworpen door Giotto en 22 jaar na diens dood voltooid door Pisano en Talenti. De campanile is – net als de gevels van de dom en het baptisterium – bekleed met gekleurd marmer. Met 'slechts' 84,7 m hoogte is de klokkentoren iets lager dan de domkoepel, maar het uitzicht over de daken, kerktorens en groene heuvels is even adembenemend. Je moet alleen wel kiezen tussen de 463 treden naar de koepel en de 414 treden van de campanile. Beide beklimmen is echt te veel!

Poort van het Paradijs
Het **baptisterium van San Giovanni** 3 (*battistero*) is een van de oudste en belangrijkste bouwwerken van Florence. De doopkapel, die is gewijd aan de stadsheilige Johannes, is gebouwd tussen 1059 en 1150. Toch dacht men zelfs nog in de tijd van Brunelleschi dat het een tempel van Mars uit de tijd van keizer Augustus was. Hier komen voorstellingen uit oudheid en middeleeuwen samen en de kapel werd het belangrijkste

▶ **INFO**
Er zijn altijd veel bezoekers bij de dom, behalve misschien op een grijze dinsdagochtend in november of februari. Maar op de website **www.ilgrandemuseodelduomo.it** kun je je ticket reserveren. Bovendien vind je hier uitgebreide informatie over dom, campanile, baptisterium en het museum in het Engels en het Italiaans.

De Duomo #4

voorbeeld voor de bouwkunst van de renaissance. Hij heeft een achthoekige plattegrond, een symbool voor de oneindigheid waarop ook Brunelleschi zich baseerde bij de bouw van de domkoepel. De beroemde groen-witte marmeren bekleding is karakteristiek voor de Toscaans-romaanse kerkgevels.

De **mozaïeken** in de koepel zijn vervaardigd door Venetiaanse en Florentijnse kunstenaars en behoren tot de belangrijkste cyclussen van Italië. Het hoofdthema is het Laatste Oordeel. Interessant is ook het **praalgraf** van tegenpaus Johannes XXIII (ca. 1370-1419). Maar de grootste publiekstrekker is de **Porta del Paradiso** (oostportaal) met bronsreliëfs van Lorenzo Ghiberti (1426-1452), die taferelen uit het Oude Testament laten zien. Hier is het echt dringen om een plaatsje vooraan te bemachtigen.

Beter bezoek je het **Museo dell'Opera del Duomo** 4 . Daar valt niet alleen de originele, gerestaureerde Poort van het Paradijs te bewonderen, maar zie je ook circa 750 kunstwerken uit de dom, de campanile en het baptisterium.

Het lukt je wel, de 414 treden beklimmen naar het prachtige uitzicht op de campanile, waar het baptisterium vanuit vogelperspectief te bewonderen is.

→ OM DE HOEK

Zo dicht bij de beroemde dom wordt de **Loggia del Bigallo** 5 (Piazza San Giovanni 1, wo.-ma. 9.30-17.30 uur, € 5) vaak over het hoofd gezien. En dat terwijl de elegante bogengalerij uit de 14e eeuw een grote historische betekenis heeft. Bij de Compagnia del Bigallo werden te vondeling gelegde kinderen opgevoed. In het museum verbeelden schilderijen de barmhartigheid van de broederschap. Bekijk aan de zuidkant van het plein ook de beelden van het **Palazzo dei Canonici** 6 . Deze stellen Arnolfo di Cambio en Filippo Brunelleschi voor, de bouwers van de dom.

In een interessant oud kloostergebouw ten oosten van de dom vind je de leeszalen van de **Biblioteca delle Oblate** 7 (Via dell'Oriuolo 26) en de archeologische vondsten van het **Museo Fiorentino di Preistoria** (▶ blz. 78). Maar men komt vooral hierheen om vanuit de **Caffetteria delle Oblate** (www.caffetteriadelleoblate.it, ma. 14-19, di.-za. 9-24 uur) te genieten van het uitzicht over de daken, de domkoepel en de campanile (klokkentoren).

Hartje stad – **Piazza della Repubblica en Dante-buurt**

Zien en gezien worden! De Piazza della Repubblica is de huiskamer van de stad. In de elegante cafés worden de laatste nieuwtjes uitgewisseld bij een kopje thee of een aperitief. Op warme zomeravonden zorgen straatartiesten voor wat leven in de brouwerij. Even verderop ligt de middeleeuwse wijk waar de dichter Dante Alighieri woonde en verzen schreef voor zijn geliefde Beatrice.

Zo'n triomfboog straalt iets uit, en dat is ook de bedoeling. Hij staat op Piazza della Repubblica sinds de 19e eeuw, toen men na het verlies van de hoofdstadstatus het belang van Florence wat wilde opkrikken.

Zoals elke mooie huiskamer is ook de **Piazza della Repubblica** netjes ingericht: met sierlijke huisgevels en een monumentale triomfboog. De piazza werd aangelegd rond 1880. Florence had net de status van hoofdstad aan Rome afgestaan, maar

Piazza della Repubblica en Dante-buurt #5

wilde wel graag modern en stedelijk ogen. Het resultaat was een sanering van het oude centrum, waarbij honderden historische gebouwen en het joodse getto sneuvelden. Alleen de **Colonna dell'Abbondanza** midden op het plein herinnert nog aan de lange geschiedenis van de plek. De zuil vervangt een exemplaar uit de vroege renaissance, dat op zijn beurt op de stomp van een oud-Romeinse zuil rustte. Die markeerde ooit het middelpunt van de stad.

Biercafés op niveau

Met de vernieuwing van het plein kwamen hier niet alleen banken en grand hotels, maar ook elegante koffiehuizen en nieuwe biercafés waarop veel volk afkwam. Deze etablissementen zijn vandaag de dag nog altijd de grootste attractie van de Piazza della Repubblica.

Op de terrassen zitten inmiddels vooral toeristen, maar aan de toog van **Caffè Le Giubbe Rosse** ❶ komen nog steeds enkele stamgasten. Het café is in 1897 door de Duitse bierbrouwersfamilie Reininghaus geopend en werd niet alleen het trefpunt van Duitsers in Florence, maar ook van kunstenaars en schrijvers. De futuristen uit de kring rond denker Filippo Tommaso Marinetti organiseerden hier hun bijeenkomsten. Aan deze traditie kwam door de Tweede Wereldoorlog een eind, maar uitbatersfamilie Smalzi probeert haar sinds de jaren 90 nieuw leven in te blazen met lezingen en andere culturele activiteiten. Gasten aan een tafeltje binnen kunnen bij brunch en aperitief smullen van een lekker en voordelig buffet.

Paszkowski ❷ was oorspronkelijk een bierhuis, net als Le Giubbe Rosse. Nu is het een stijlvol café waar in de zomer een (door jou in de hoge prijzen meebetaald) orkestje speelt.

Daarnaast vind je **Gilli** ❸, met zijn mooie vitrines en jugendstillambrisering het enige café uit de belle époque in Florence. De moeite waard dus, net als een hapje uit de eigen patisserie.

's Zomers zijn alle cafés aan de piazza tot laat geopend, maar je kunt dan ook gewoon op het zondoorstoofde asfalt zitten en naar de straatmuzikanten luisteren. *O sole mio* zingen ze allang niet meer: ook in Florence hebben Balkanklanken hun intrede gedaan.

De Florentijnen hebben de naam van café Le Giubbe Rosse zelf bedacht. Ze konden de naam van de Duitse exploitant Reininghaus, die zijn personeel naar oud-Weense traditie in rode jasjes (giubbe rosse) kleedde, niet uitspreken en zeiden daarom: 'We gaan naar die met de rode jasjes.'

#5 Piazza della Repubblica en Dante-buurt

De mooiste beelden uit de renaissance

Als je van de zuidkant van Piazza della Repubblica de Via Calimala in loopt en de tweede zijstraat links neemt, kom je bij het van kantelen voorziene, 13e-eeuwse **Palazzo dell'Arte della Lana** 1, het gildehuis van de wolhandelaars. Het is via een bruggengang verbonden met de **Or San Michele** 2. Deze kerk torent boven de daken uit en is een van de bijzonderste gebouwen van Florence.

De rechthoekige vorm herinnert aan de oorspronkelijke functie van graanmarkt, met pakhuizen op de bovenste verdieping. De benedenverdieping werd tussen 1367 en 1380 een kerk voor gildes en genootschappen. In de veertien gevelnissen staan de beelden van hun beschermheiligen, die werden vervaardigd door kunstenaars als Donatello, Ghiberti en Verrocchio en tegenwoordig tot de belangrijkste renaissancebeelden behoren. Binnen vind je het tabernakel van Andrea Orcagna (1355-1359), waarin het wonderdadige schilderij *Madonna delle Grazie* van Bernardo Daddi (1352) wordt bewaard. De Mariabeeltenis zou zieken en gewonden hebben genezen en ter ere van haar werd de graanmarkt ooit tot kerk verbouwd.

Ook in het **Museo Nazionale del Bargello** 3 vind je beroemde renaissancebeelden en een fresco, toegeschreven aan Giotto, van het zogenaamde 'ware' gezicht van Dante – zonder de grote neus waarmee de dichter anders werd afgebeeld. Het burchtachtige gebouw (1255-1261), dat het best te bereiken is langs de Via della Conotta en de Via Porta Rossa, rijst hoog op aan de met een groot aantal scooters bezaaide **Piazza Firenze**.

Het palazzo was in de stadsrepubliek de zetel van de volksvertegenwoordiger (*capitano del popolo*). Later woonde en werkte hier het hoofd van politie, de *bargello* (wat letterlijk 'beulsknecht' betekent). Nu pronken hier beelden van Michelangelo, Donatello, Cellini en Giambologna. Op de tweede verdieping bevinden zich collecties keramiek, sieraden en kleine figuurtjes.

Let ook op de **binnenhof** met zijn arcaden en kunstwerken. Deze nu sfeervolle plek was van 1502 tot 1782 een executieplaats; de galg stond pal naast de fontein.

Liefdesverdriet of geldproblemen? Doe zoals de Florentijnen doen: zij brengen een bezoekje aan de Madonna delle Grazie, aan wie allerlei wonderen worden toegeschreven.

Piazza della Repubblica en Dante-buurt #5

Uitneembare kaart E/F 4/5

INFO EN OPENINGSTIJDEN

Or San Michele 2 : Via dell'Arte della Lana 7, dag. 10-17 uur, toegang gratis.
Museo Nazionale del Bargello 3 : Via del Proconsolo 4, dag. 8.15-13.50 uur, op de 1e, 3e, 5e ma. en 2e en 4e. zo. in de maand gesloten; € 4, € 7 bij tentoonstellingen.
Badia Fiorentina 4 : Via del Proconsolo, ma. 15-18 uur, toegang gratis.
Casa di Dante 5 : Santa Margherita 1, www.museocasadidante.it, apr.-sept. dag. 10-18, okt.-mrt. di.-zo. 10-17 uur, € 4.
Santa Margherita de' Cerchi 7 : dag. 8-12.30, 17-19 uur.
Caffè Le Giubbe Rosse 1 : www.giubberosse.com, dag. 8-1 uur, lunchbuffet in het restaurant tussen 12.30 en 14 uur € 8.
Paszkowski 2 : www.paszkowski.it, dag. 7-24 uur, glas vruchtensap aan een tafel € 7,50.
Gilli 3 : www.gilli.it, wo.-ma. 7.30-2 uur, aperol spritz aan een tafel € 12.

STEVIGE PANINI

Een goed alternatief voor het plein is de **Mercato Nuovo**. **Orazio Nencioni** 4 heeft broodjes *lampredotto* (natte pens), *trippa* (gesneden pens) en *porchetta* (gesneden speenvarken) om mee te nemen (€ 3-5). Fans van gezond en groente bezoeken liever het lunchbuffet met veel verschillende antipasti bij **Pennello** 5 (Via Dante Alighieri 4, www.ristoranteilpennello.it, dag. 12-15, di.-za. 19-22 uur, menu incl. antipasti € 20-25). Hier komen de Florentijnen ook uiensoep *(carabaccia)* of rundergoulash *(peposo)* eten.

WINKELS AAN DE PIAZZA

Aan de Piazza della Repubblica vind je warenhuis **Rinascente** 1 (nr. 3-5, ma.-za. 9-21, zo. 10.30-20.30 uur). Hier kun je op je gemak kiezen en passen. In het aanbod zitten onder meer lingerie, kousen plus Italiaans design en cosmetica – en een leuk terras met het mooiste zicht op de piazza.
Achter de arcade aan de overkant biedt de **Apple Store** 2 (nr. 10r, dag. 10-20 uur) in een voorname ambiance niet alleen artikelen van het merk met de aangevreten appel, maar in de Genius Bar fikst men ook problemen met je computer.
Een paar huizen verder ligt boekhandel **Feltrinelli RED** 3 (nr. 26-29, dag. 9.30-23 uur), waar je kunt rondsnuffelen in boeken en stadsgidsen en in het selfservicerestaurant bovendien een lekker hapje kunt eten.

#5 Piazza della Repubblica en Dante-buurt

Aan de overkant van de Via del Proconsolo ligt de **Badia Fiorentina** 4. De benedictijnenabdij – in 978 gesticht door Willa, de vrouw van de markgraaf Umberto – is het oudste en voornaamste klooster van de stad. De gotisch-romaanse kerk werd in de barokke stijlperiode verbouwd en omvat het **Chiostro degli Aranci**, een kruisgang waar ooit sinaasappelbomen *(aranci)* groeiden. Rond de kruisgang hangen fresco's uit de vroege renaissance (omstreeks 1436-1439) over het leven van de heilige Benedictus.

In het spoor van Dante

Vanuit de Badia kom je direct op de naar Dante Alighieri (1265-1321) vernoemde straat. Hier is in 1911 aan een pleintje het **Casa di Dante** 5 gereconstrueerd. Of het geboortehuis van de grote dichter hier ook werkelijk stond, is niet zeker. Het kleine museum biedt een informatieve, met schaalmodellen verrijkte rondleiding door de middeleeuwse stad en door het leven en werk van de dichter. Het 'Huis van Dante' beleeft een enorme toeloop van bezoekers sinds auteur Dan Brown zijn roman *Inferno* ('hel') hier gedeeltelijk liet afspelen (fans van de bestsellers van de Amerikaan kunnen een speciale rondleiding door Florence krijgen (zie blz. 113)).

Het borstbeeld van Dante geeft aan waar zijn geboortehuis misschien stond.

Dante wordt beschouwd als de vader van de Italiaanse taal. Zijn beroemdste werk is *La Divina Commedia*. In dit verhaal begeleidt zijn geliefde Beatrice Portinari hem van het Vagevuur naar het Paradijs. Dante was als jongeman al verliefd op haar en maakte haar tot zijn muze. Zij en haar familie woonden in de Via del Corso, op een steenworp afstand van het Casa di Dante. Op het perceel werd rond 1550 het **Palazzo Salviati** 6 gebouwd, dat sinds 1932 het onderkomen van de Banca Toscana is.

In de **Santa Margherita de' Cerchi** 7 trouwde Dante rond 1285 met Gemma di Manetto. In deze kleine kerk vind je ook het familiegraf van de Portinari's, met een gedenkplaat voor de al jong gestorven Beatrice. In 1302 werd de vrijdenkende dichter-filosoof Dante in zijn geboortestad ter dood veroordeeld. De laatste jaren van zijn leven bracht Dante in ballingschap door en hij stierf in 1321 in de stad Ravenna aan de kust van de Adriatische Zee.

> ▶ LEESVOER
>
> Geen puf om de Divina Commedia door te spitten? **Dante's Goddelijke Komedie uitgelezen** vat het meesterwerk samen. Ook als voice-over (Primavera Pers).

Gucci en Pucci –
rond de Via Tornabuoni

 # 6

De Via Tornabuoni is het shoppingwalhalla van de rijken en beroemden – en een dure straat. Maar passen is gratis. In de chique winkels van de Florentijnse kledingmerken is dit heel leuk. Rondom vind je boetieks met diverse accessoires en hip design.

De Florentijnen houden van mode, sterker nog: ze máken de mode. Ook een Florentijnse met ongekamd haar en een joggingbroek draagt sowieso altijd een goeie zonnebril en een kek jasje. Stijl geeft hier al sinds de middeleeuwen de toon aan. De wolhandel was toen een van de belangrijkste gildes van de stad. In de renaissance creëerden de vrouwelijke De'Medici's een eigen stijl met mooie sieraden die aan de koninklijke hoven elders in

In de etalages van de chique winkels zoek je meestal vergeefs naar een prijskaartje, maar kijken is ook leuk.

#6 Rond de Via Tornabuoni

INFO EN OPENINGSTIJDEN

Gucci: winkels Via Tornabuoni 73r en Via Roma 32, ma.-za. 10-19.30 uur; **museum** Piazza della Signoria 10, www.guccimuseo.com, dag. 10-20, vr. 10-23 uur, € 7.

Pucci: Via Tornabuoni 20-22r, ma.-za. 10-19.30 uur.

Salvatore Ferragamo: museum Via Tornabuoni 2, ingang Piazza Trinità, wo.-ma. 10-18 uur, € 6; **winkel** Via Tornabuoni 16, dag. 10-19.30 uur; **hotel** Via Tornabuoni 1, www.tornabuoni1.com, 2 pk vanaf € 300.

Angela Caputi: Borgo Santissimi Apostoli 44/46, ma.-za. 10-13, 15-19 uur.

Tharros Bijoux: Borgo Santissimi Apostoli 32, ma. 14.30-19.30, di.-za. 10-13, 15.30-19.30 uur.

Gilardini: Via dei Cerretani 8r en 20r, ma.-vr. 9.30-13, 15.30-19.30, za. 9.30-13 uur.

Mandarina Duck: Via dei Cerretani 64, di.-vr. 9.30-19.30, ma., za. 10-19.30, zo. 11-14, 15-19 uur.

ETEN EN DRINKEN

Als aperitief raad ik een glas prosecco en een minibroodje truffelcrème (€ 3-4) bij **Procacci** aan (Via Tornabuoni 74, ma.-za. 10.30-20 uur), dat al sinds 1885 een ontmoetingsplek is. Als er geen tafeltje vrij is, smaken de hapjes staand ook heerlijk.

Het eerbiedwaardige, oude **Caffè Giacosa** (Via della Spada 10, www.caffegiacosa.com, vr.-wo. 8-20, do. 8-23 uur), waar de beroemde Negronicocktail is bedacht, is nogal toeristisch geworden. De eigenaar, de modeontwerper Roberto Cavalli, is vergeleken met Gucci en Pucci een relatieve nieuwkomer in de Florentijnse modescene. Hij voorziet niet alleen de tafelkleden, maar ook paaseieren van tijger- en zebrapatronen. Wie van een gezelliger sfeer houdt, gaat op een steenworp afstand naar de gelambriseerde bar **Megara** (Via della Spada 15, 8-20 uur), met 's ochtends een cappuccino en *cornetto* (croissant), 's avonds een aperitiefbuffet en gemiddelde prijzen.

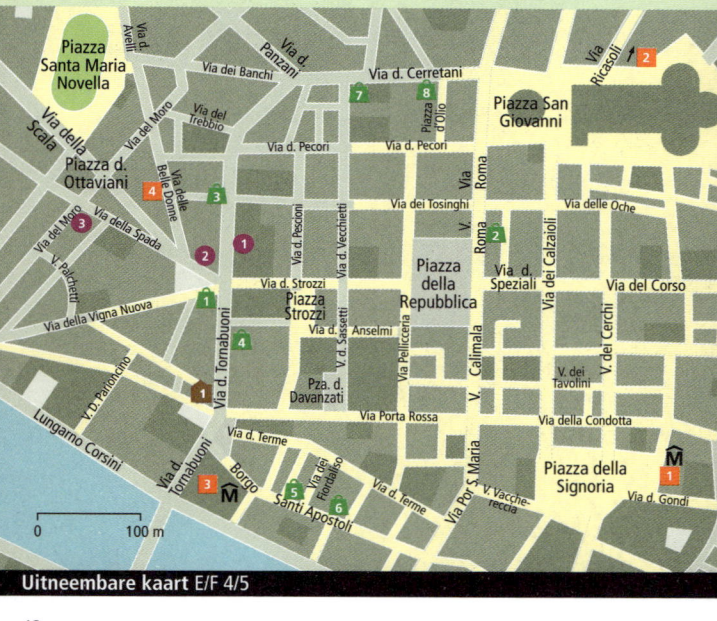

Uitneembare kaart E/F 4/5

Europa werden geïmiteerd. Ook nu nog wordt in Florence jaarlijks de Pitti Immagine Uomo gehouden, internationaal gezien de belangrijkste herenmodebeurs. In het recentere verleden vestigden drie namen de roem van de modestad: Gucci, Pucci en Ferragamo.

De 'stile fiorentino'

Het vermaarde modehuis van Guccio Gucci (1881-1953) is het beste voorbeeld van de *stile fiorentino*. Na de Tweede Wereldoorlog maakte Gucci naam met chique handtassen met bamboe hengsels, ballerina's met metalen gespen en bloemig bedrukte zijden sjaals. Nu maakt het bedrijf deel uit van het Franse mode-imperium Kering, maar de karakteristieke stijl is bewaard gebleven. En dit is bovendien een van de weinige internationaal bekende modemerken die garanderen dat er geen zwart werk of kinderarbeid aan te pas is gekomen. In de grote **Gucciwinkel** op de **Via Tornabuoni 73r**  kun je klassieke en gloednieuwe ontwerpen bewonderen. De zaak op de **Via Roma 6** verkoopt lederwaren. Buiten de stad ligt een voordeliger outlet. Nieuw is het **Guccimuseum** in de Tribunale della Mercanzia met een modearchief, wisselende exposities, een café en een restaurant.

Het merk is wereldberoemd, de winkel aan de Via Tornabuoni bezoek je het best met een goed gevulde portemonnee, maar je kunt hier zonder een slecht geweten inkopen doen.

De modecarrière van markies Emilio Pucci (1914-1992) begon op de skipiste van St. Moritz. Een Amerikaanse modefotografe was zo weg van het door Pucci voor een vriendin ontworpen skipak dat ze hem vroeg een complete collectie te ontwerpen. In de jaren 60 en 70 was de naam Pucci wereldwijd synoniem voor felgekleurde patronen en exclusieve zijden stoffen en werden zijn creaties gedragen door iedereen die iets betekende in de beau monde. De bedrijfsleider, nog verre familie van de De' Medici's, woonde tot aan zijn dood in het renaissancistische familiepaleis onder het welluidende adres 'Marchese Emilio Pucci, **Palazzo Pucci**, Via de' Pucci 6, Firenze'. Tegenwoordig is zijn dochter Laudomia aan het bewind. **Pucci** in de **Via Tornabuoni** is nog altijd een van de voornaamste modeadressen in Florence.

De Italiaanse verkeerspolitie (*vigili urbani*) is ook stijlvol gekleed. De elegante **blauwe uniformen** in combinatie met witte handschoenen en een ovale helm werden in 1977 door Emilio Pucci ontworpen en zijn nog altijd niet uit de mode.

Schoenen voor Hollywood

Ook de naam Salvatore Ferragamo (1898-1960) maakt deel uit van de modegeschiedenis van Flo-

#6 Rond de Via Tornabuoni

rence. Deze Zuid-Italiaan had in Hollywood als schoenmaker van de filmsterren al naam gemaakt toen hij in 1927 in Florence een atelier begon. Hij bedacht een nieuwe techniek voor op maat vervaardigde schoenen door exacte houten modellen te maken van de voeten van zijn klanten, onder wie Greta Garbo, Marilyn Monroe en Audrey Hepburn. Zijn beroemde schoenmallen zijn nu te zien in het kleine **Museo Salvatore Ferragamo 3** in het Palazzo Spini Feroni. De chique **Ferragamo-winkel 🔒** zit een paar huizen verder. In de middeleeuwse toren richting Ponte di Santa Trinità drijven de erfgenamen van de schoenmaker een **luxe hotel 1**.

Chique accessoires

De chique winkels aan de Via Tornabuoni, met boetieks van onder meer Armani, Prada, Max Mara, Cavalli en Bulgari, zijn leuk om te zien, maar de prijzen doen het reisbudget nogal de pan uit rijzen. Dit is geen buurt voor mensen die van een koopje houden. Wie mooie sieraden wil bekijken, maar niet kopen, kan afslaan in de Borgo Santi Apostoli. In de etalage van **Angela Caputi 🔒** vind je iets bijzonders: mooi ontworpen sierobjecten uit synthetische materialen, en bovendien heel kleurrijk. Een paar huizen verder worden bij **Tharros Bijoux 6** 'antieke' sieraden te koop aangeboden, zoals de halssnoeren van de De'Medici-dames – niet echt, maar écht mooi. Sommige sieraden hier worden ook verkocht in museumshops.

Op de Via dei Cerretani 8r en 20r liggen de schoenwinkels van **Gilardini 7**, die opvallende stappers met hoge hakken, comfortabele ballerina's en elegante herenschoenen verkopen. Stijlvolle en sportieve tassen van leer en hightechmaterialen, trolleys en rugzakjes kun je kopen bij de boetiek van **Mandarina Duck 8**.

Bij het ontwerpen van haar sieraden laat de Florentijnse Angela Caputi zich inspireren door Amerikaanse films uit de jaren 40.

> → OM DE HOEK
>
> Vlak bij de Via Tornabuoni ligt de **Via delle Belle Donne 4**. De naam van deze straat is veelzeggend: waarschijnlijk stond hier ooit een huis waar 'mooie vrouwen' zichzelf aanboden. Tegenwoordig liggen langs de straat kleine trattoria's en kledingboetieks.

Volmaakte harmonie – **Santa Maria Novella**

 # 7

Ik vind dit de mooiste kerk van Florence. Kunstkenners vinden het een uniek voorbeeld van de gotiek in Italië. Maar het interieur verblijdt met renaissanceschilderingen. Vroeg in de ochtend heerst hier nog rust en in de kloosterapotheek vind je geurige kruiden, parfums en ambachtelijk vervaardigde tinctuur.

Om de zwart-witte marmeren gevel van de kerk **Santa Maria Novella** 🟧**1** in volle pracht te kunnen bewonderen, zoek je het best een plekje achter de bloemperken op de Piazza Santa Maria Novella. De architect Leon Battista Alberti bokste halverwege de 15e eeuw een bijzonder kunststukje voor elkaar: hij moest de rond 1280 gebouwde gotische basilica harmonieus samenvoegen met nieuwe zwierige elementen, zoals de voluten op de hoeken, die de barok aankondigen. Binnen

Florentijnse kerken zijn zo mooi dat je er wel naar moet kijken. De Santa Maria Novella maakt gotiek zwierig.

45

#7 **Santa Maria Novella**

Uitneembare kaart D/E 3/4

INFO EN OPENINGSTIJDEN

Chiesa Santa Maria Novella **1** en **Museo** **2**: Piazza Santa Maria Novella 18, apr.-sept. ma.-do. 9-19, vr. 11-19, za. 9-17.30, zo. 13-17.30 (juli, aug. za. 9-18.30, zo. 12-18.30), okt.-mrt. ma.-do. 9-17.30, vr. 11-17.30, za. 9-17.30, zo. 13-17.30 uur, € 5.
Antica Farmacia Santa Maria Novella 🏠: ma.-za. 9.30-19.30 uur.

ETEN EN DRINKEN

Voor lunch en avondeten raad ik de **Osteria Cipolla Rossa** **1** (Via del Conti 53r, dag. 12-15, 19-23 uur, menu € 35) aan, waar je binnen en buiten aan gekleurde houten tafeltjes gezellig de Toscaanse pot en *bistecca fiorentina* kunt eten. De bediening is erg vriendelijk.

bleef de Florentijns-gotische indeling bewaard. Net als in een Arabische moskee gaan gewelven en pilaren in elkaar over. Zo ontstaat een ruimte die lijkt te bewegen.

Kapelfresco's en kunstbeschermers

Santa Maria Novella

De beroemde fresco's van de Santa Maria Novella stammen uit de renaissance. Maar een groot deel van de oorspronkelijke, 14e-eeuwse fresco's werd overgeschilderd door Giorgio Vasari (1565-1571) in opdracht van Cosimo I de'Medici. Bewaard bleef in het centrum van het **schip** de *Trinità* van Massaccio (1427), de eerste renaissanceafbeelding met perspectief. Tot de andere pareltjes van deze dominicanenkerk behoren onder meer Giotto's kruispaneel *Crocifisso* (in de sacristie) en een bronzen altaarkruis van Giambologna.

De fresco's van de koorkapel of **Cappella Tornabuoni** zijn het werk van Ghirlandaio en zijn atelier (1485-1490). Te midden van Bijbelse taferelen heeft de bankier Giovanni Tornabuoni zich laten vereeuwigen 'als loftuiting aan zijn huis en zijn familie'. Veel figuren rond hem stellen zijn familieleden en rijke vrienden voor. De fresco's in de **Cappella Strozzi di Mantova** (circa 1340-1350) zijn gemaakt door Nardo di Cione en geven taferelen

Santa Maria Novella *#7*

weer uit de *Divina Commedia* (Goddelijke Komedie) van Dante. Op de centrale schildering, tussen engelen en leden van de familie Strozzi, duikt de dichter zelf op.

Links van de kerk ligt de ingang naar het **Museo di Santa Maria Novella** 2, dat voornamelijk bestaat uit een kruisgang, de **Chiostro Verde**, en een kapel. De fresco's in de kruisgang Chiostro Verde (1426-1450), waarin de kleur groen *(verde)* overheerst, zijn gewijd aan het Scheppingsverhaal. Er werkten minstens vier kunstenaars aan, onder wie Paolo Uccello. De kapittelzaal (1343-1345) heet ook wel de **Spaanse Kapel**, omdat hij tijdelijk beschikbaar werd gesteld aan het gevolg van Eleonora van Toledo, de Spaanse echtgenote van Cosimo I. De fresco's met de dood van Christus zijn geschilderd door Andrea Bonaiuti (1365-1367). Delen van dit werk raakten beschadigd in de grote overstroming van 1966.

De kracht van kruiden

Als je vanaf het plein voor de kerk, waar tot ongeveer 1850 jaarmarkten werden gehouden, rechtsaf de Via della Scala in gaat, zie je na een paar minuten aan je rechterhand de **Antica Farmacia Santa Maria Novella** i. Vanuit het straatlawaai kom je hier in een andere wereld, die bestaat uit enorme vertrekken met door hout omlijste vitrines, kruidengeuren en gedempt licht. Hier mengden de dominicaner monniken vanaf de 13e eeuw essences en tincturen van wilde kruiden tot geneesmiddelen. Beroemd is het desinfecterende rozenwater waarmee eeuwen geleden de Zwarte Dood (de pest) werd bestreden. Ook als je geen zalfje of watertje nodig hebt, is het de moeite waard een rondje te maken door de mooi gedecoreerde apotheekzalen.

Bijna alsof je achthonderd jaar teruggaat in de tijd – zalfjes, tincturen en pillen uit de kloosterapotheek.

→ **OM DE HOEK**

Het **Stazione Santa Maria Novella** 3, het perfect centraal gelegen treinstation voor de binnenstad, verdient als een van de weinige moderne gebouwen in Florence ook even je aandacht. Het station is gebouwd tussen 1933 en 1935 door Giovanni Michelucci en wordt met zijn strakke geometrische vormen beschouwd als een opmerkelijk voorbeeld van het Italiaanse rationalisme.

8

Pane e vino – **Mercato Centrale di San Lorenzo**

In veel Toscaanse gerechten wordt brood verwerkt. Het ongezouten 'pane sciocco' zit bijvoorbeeld in *ribollita* (groentesoep) en in *pappa al pomodoro* (tomatensoep). De Florentijnen kopen de ingrediënten voor hun beroemde recepten in de markthal nabij de kerk San Lorenzo, waar ze vaak ook opduiken voor een hapje rond het middaguur.

Op de plaats waar de Florentijnen al ruim een eeuw de ingrediënten voor de maaltijd thuis kopen, wordt in de ambiance van een historische markthal tegenwoordig ook veel gegeten.

Het maakt eigenlijk niet uit aan welke kant je de grote hal van de **Mercato Centrale** binnenloopt, de lekkernijen liggen werkelijk overal: vis in alle soorten en maten, ingelegde olijven, artisjokken en tomaten en natuurlijk allerlei soorten

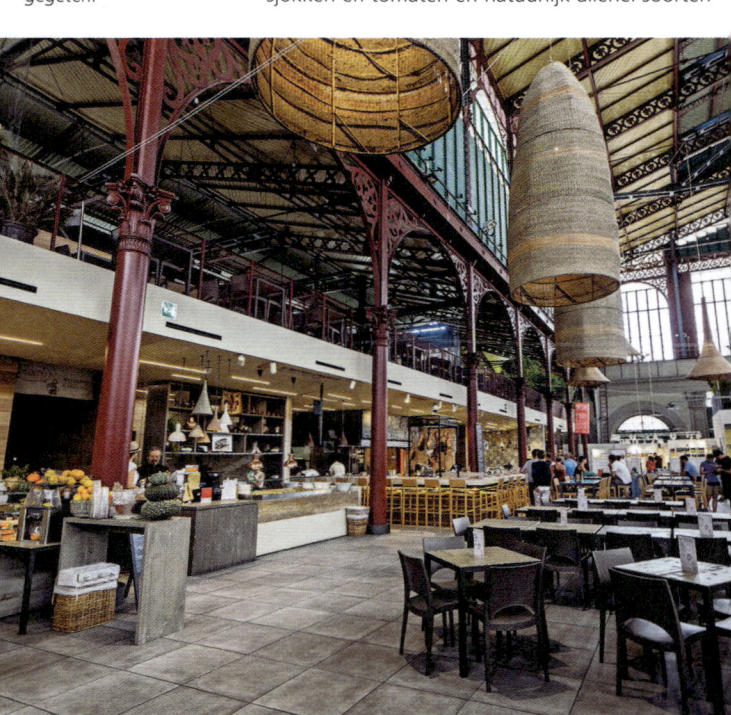

brood, kaas en ham. Op de tweede verdieping vind je groenten en fruit. Sla de kraampjes met Japanse noedels over, maar neem ruim de tijd voor de kraampjes met stukken Parmezaanse kaas in de vitrine en uit de kluiten gewassen hammen aan het plafond. Hier zie je het beste dat Toscane op culinair gebied te bieden heeft: venkelsalami *(finocchiona)*, ham uit Siena *(cinta senese)*, wildzwijnworstjes *(salamini di cinghiale)*, oude schapenkaas *(pecorino)* met of zonder kruiden, allerlei groentetaarten *(torte rustiche)* en natuurlijk olijfolie *extra vergine*.

Smultempel voor streetfood
Wie 's ochtends al flinke trek heeft, kan direct richting uitgang Piazza del Mercato gaan, waar **Nerbone ❶** ligt. Reeds om zeven uur 's ochtends doen vrachtwagenchauffeurs, winkelpersoneel, marktvrouwen en late feestgangers hier krachten op. Achter de vitrine staat Fabio Giolli, die al vijftien jaar wijn en stevige Florentijnse gerechten verkoopt. Specialiteiten van het huis zijn onder meer broodjes *lampredotto* (natte pens) en *trippa* (gesneden pens) met kruiden- of tomatensaus, *fagioli all'uccelletto* (witte bonen in tomatensaus) en *ossobucco* (kalfsschenkel).

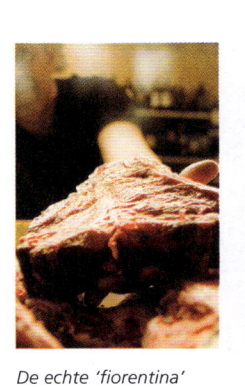

De echte 'fiorentina' is een enorme T-bonesteak en wordt gesneden uit de rug van een Toscaans Chianinarund.

Wie met de roltrap naar de eerste verdieping gaat, heeft keus te over. Hier zitten de bezoekers 's middags en 's avonds in de grote hal, omringd door **streetfoodkraampjes** die allerlei specialiteiten bereiden: hamburgers van het Chianinarund, gefrituurde vis, vegetarische en veganistische gerechten, Siciliaans eten, pizza, Italiaans bier en Toscaanse wijn.

Voedzaam en verfijnd
In de **wijk San Lorenzo** rond de markthal kun je mooi op culinaire strooptocht gaan. Er zijn veel eetgelegenheden met de lekkere Toscaanse keuken. De regionale gerechten worden bereid met eenvoudige en goedkope ingrediënten, zoals brood, groente en orgaanvlees, maar zijn voedzaam en verfijnd.

De *antipasti* bestaan meestal uit groente *sott' olio* (ingelegd in olijfolie), salami, ham, *crostini* en *fettunta* (geroosterd brood met olijfolie). Typische gerechten voor de eerste gang – de *primo* – zijn ribollita (groentesoep die opgewarmd het

#8 Mercato Centrale

De Mercato Centrale maakt hongerig.

▶ INFO

Meestal zijn trattoria's en osteria's 's middags tot 15 uur geopend en 's avonds van 18.30 tot ongeveer 23 uur.

lekkerst is), *pappa al pomodoro* (tomatensoep met brood en basilicum), *panzanella* (tomatensalade met brood en basilicum), *carabaccia* (uiensoep) en *pappardelle sulla lepre* (brede lintpasta met hazenragout). De tweede gang, *secondo*, bestaat – zowel bij Nerbone als in duurdere restaurants – traditioneel uit het klassieke orgaanvlees met bonen of een *bistecca fiorentina*, een reusachtige biefstuk die om écht Florentijns te zijn afkomstig is van het witte Toscaanse Chianinarund en daarom duur is. In veel gelegenheden staat ook wild op de kaart. Een typisch dessert kan bestaan uit *vin santo* (zoete wijn) en *cantucci* (amandelkoekjes om te dopen) of *castagnaccio* (taart van kastanjemeel en pijnboompitten).

Vlak bij de Piazza del Mercato Centrale serveert **Trattoria Mario** ❷ stevige kost, alleen 's middags, en de rij wachtenden is meestal lang.

Wie écht honger heeft, kan verderop terecht in de **Antica Trattoria Palle d'Oro** ❸. In dit gezellige eethuis kun je een *panino* bestellen of ook Toscaanse gerechten die niet overal verkrijgbaar en toch niet te duur zijn, zoals *caciucco* (vissoep met geroosterd brood), een authentiek gerecht van de Toscaanse kust, of *baccalà* (stokvis). Zo moet het vroeger in een echte Florentijnse *osteria* zijn geweest.

Niet alleen chianti

Bij het eten kun je een volle Chianti Classico (uit de streek rond Greve di Chianti) drinken, een droge Rosso di Montepulciano (35 km van Siena), een fruitige Morellino di Scansano (uit de Maremma) of een witte Bianco di Pittigliano of Vernaccia di San Gimignano. Een goede plaats om verschillende soorten wijn te proeven is **La Divina Enoteca** 🛈, vlak bij de markthal. Hier serveren sommeliers Bianca en Livio bij een glas wijn *panini*, *crostini* en andere Toscaanse hapjes. Ook in de wijnbar **Vineria Zanobini** 🛈 tegenover de hal draait alles om wijn. Hier kan het edele vocht worden geproefd en gekocht.

INFO EN OPENINGSTIJDEN
Mercato Centrale di San Lorenzo 🛈**:** Via dell'Ariento, www.mercatocentrale. it, **kraampjes** ma.-za. 7-14 uur; **eettentjes** dag. 10-24 uur.
La Divina Enoteca 🛈**:** Via Panicale 19r, di.-zo. 10-21 uur, glas wijn met kaas en salami € 5-8.
Vineria Zanobini 🛈**:** Sant'Antonino 47r, ma.-za. 9-14, 15.30-20 uur, wijn per glas en verkoop van flessen.
Da Nerbone ❶**:** Piazza del Mercato Centrale 12, dag. 10-24 uur, gerecht € 2,50-6,50.
Trattoria Mario ❷**:** Via Rosina 2r, ma.-za. 12-15.30 uur, menu € 20.
Antica Trattoria Palle d'Oro ❸**:** Via Sant'Antonio 43-45r, ma.-za. 12-14.30, 18.30-21 uur, menu € 15-25.

SMAAKTRAINING
Bij de **streetfoodmarkt** op de eerste verdieping van de Mercato 🛈 hoort ook een **school voor wijnkenners** (Luca Gardini, tel. 055 239 97 98, enoscuola @mercatocentrale.it) en een compleet ingerichte keuken voor **kookcursussen**

(Cucina Lorenzo de' Medici, 055 23 99 798, www.cucinaldm.com).

CALORIEËN KWIJTRAKEN
De Arno-oever kun je verkennen op een fiets van **Florence by bike** ❶ (San Zanobi 54r, www.florencebybike.it, tarief afhankelijk van het model).

Uitneembare kaart E/F 3/4

 # 9

De wereld van de familie De'Medici – **de wijk San Lorenzo**

De geest van de De'Medici's waart nog altijd door Florence. Ze regeerden hier bijna driehonderd jaar als alleenheersers en de familieleden waren bankiers en pausen en beschermheren van de renaissancekunstenaars. Overal heeft deze machtige familie sporen nagelaten, vooral in de omgeving van de Basilica San Lorenzo.

Zo vorstelijk woonden de De'Medici's in Florence: vanaf 1444 verbleven de bankiers, die geen geldgebrek hadden, in het Palazzo Medici Riccardi.

Geen enkele andere Italiaanse stad is zo sterk met de geschiedenis van een familie verbonden als Florence met de De'Medici's. Al sinds hun stamvader – **Giovanni de'Medici** (1360-1429), bankier van de paus – richtten de leden van de familie zich op het verkrijgen van macht en de uitbreiding van hun politieke invloed.

Beschermheren en despoten

Maar deze familie heeft bovendien twee grote beschermheren van de renaissancekunst voortgebracht. De eerste was Giovanni's zoon **Cosimo de'Medici** (1389-1464), meestal Cosimo de Oudere genoemd. Hij liet de kerken San Lorenzo en San Marco bouwen en inrichten door de grootste kunstenaars van zijn tijd. Toen Cosimo stierf, was Florence machtiger en rijker dan ooit.

De tweede De'Medici-mecenas was zijn neef en opvolger **Lorenzo il Magnifico** (1449-1492), een echte renaissancevorst: machtsbewust, een succesvol diplomaat, maar ook beschermer van kunst en wetenschap en zelfs auteur van filosofische geschriften. Zijn weelderige levensstijl werd bekritiseerd door de fanatieke dominicaner monnik Girolamo Savonarola en Lorenzo ontkwam maar ternauwernood aan een aanslag door onder meer de Pazzifamilie.

Lorenzo's zoon **Giovanni** werd kardinaal en in 1515 paus Leo X. Hij bestuurde Florence verder vanuit het Vaticaan. De volgende stadsregent was **Alessandro de'Medici** (1511-1537), een corrupte en gewelddadige despoot die door zijn neef werd omgebracht. Hij werd opgevolgd door **Cosimo I** (1519-1574), die zijn macht vestigde met hulp van het leger. Hij maakte het Palazzo Vecchio tot familieresidentie en het symbool van de macht van de De'Medici's.

Een ander beroemd familielid is **Catharina de' Medici** (1519-1589), de vrouw van Hendrik II en koningin van Frankrijk. Zij liet Frankrijk kennismaken met de Florentijnse keuken, waaronder de uiensoep die bij de beste restaurants nog altijd wordt geserveerd. De laatste De'Medici, **Anna Maria Ludovica** (1667-1734), bepaalde in haar testament dat de kunstschatten van de familie de stad Florence en het groothertogdom Toscane nooit mochten verlaten. Daarvoor zijn de inwoners haar nog altijd dankbaar.

Huiskapel van de De'Medici's

De huiskapel van de De'Medici's en de oudste kerk van de stad is de **San Lorenzo** `1`. Na de Santa Maria Novella valt de kale ruimte misschien wat tegen, maar het geheel is karakteristiek voor het intellectueel getinte werk van de architect Filippo Brunelleschi (1377-1446). Hij gebruikte

W
WAPEN

Let tijdens een stadswandeling eens op de zes ballen op ingangen en gevels. Dit is het **familiewapen van de De'Medici's**: vijf rode ballen en een blauwe met lelies op een gouden veld. Ze stellen waarschijnlijk pillen voor, want de De'Medici's werkten oorspronkelijk als arts. Je ziet het wapen letterlijk overal, meestal in een eenvoudiger, eenkleurige vorm.

#9 De wijk San Lorenzo

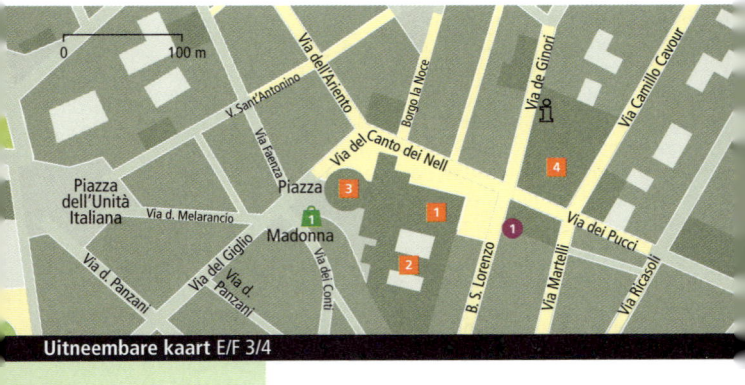

Uitneembare kaart E/F 3/4

INFO EN OPENINGS-TIJDEN

Basilica San Lorenzo 1: Piazza San Lorenzo, ma.-za. 10-17.30 uur, € 4,50.
Biblioteca Medicea Laurenziana 2: ma.-za. 9.30-13.30 uur, € 3,50.
Cappelle Medicee 3: Piazza Madonna degli Aldobrandini 6, dag. 8.15-13.50 uur, € 6; toegang incl. Basilica (kerk) en Biblioteca € 7.
Palazzo Medici Riccardi: 4 Via Cavour 3, do.-di. 9-19 uur, € 7, met korting € 4.

ETEN EN DRINKEN

Eet je graag wat meer, ga dan naar **Sergio** 1 (Piazza San Lorenzo 8r, door de week 12-15 uur, circa € 18-25). Hij serveert lekkere groentesoep, *bistecca alla fiorentina* (biefstuk op zijn Florentijns) en op dinsdag en vrijdag verse vis.

veel meetkundige figuren. De San Lorenzo werd in 393 gesticht door een tot het christendom bekeerde jodin en in 1059 opnieuw opgetrokken in romaanse stijl. Brunelleschi verbouwde de basilica tot een van de eerste echte renaissanceruimtes (de buitengevel werd nooit voltooid).

Binnen staan de mooie **bronzen preekstoelen** van Donatello; helaas zijn ze niet te bezichtigen. De kunstenaar ligt begraven in de crypte van de San Lorenzo, vlak bij zijn beschermheer, Cosimo de Oudere. Een architectonisch pareltje is ook de **oude sacristie** van Brunelleschi. De medaillons in de koepel tonen het leven van de evangelisten. In de linkerzijmuur zie je Verrocchio's dubbele grafmonument voor de zoons van Cosimo de Oudere, Giovanni en Piero, wiens bijnaam vanwege een familiekwaal 'de jichtige' was.

Vanuit de stille **kruisgang** kom je in de **Biblioteca Medicea Laurenziana** 2 (1571), waar kostbare handschriften worden bewaard.

Vorstelijk graf

Naast de kerk zijn de **Cappelle Medicee** 3 te vinden. In de crypte onder deze grafkapel liggen de minder bekende familieleden begraven. De prachtige, in barokstijl uitgevoerde koepelkerk **Cappella dei Principi** was gereserveerd voor de zes De'Medici-groothertogen. Via een smalle gang kom je bij de **Sagrestia Nuova** (nieuwe sacristie) en de twee hertogelijke sarcofagen van de hand van Michelangelo. De graftombes zijn versierd met de vier allegorische figuren Ochtend en Avond, Dag en Nacht.

De wijk San Lorenzo *#9*

Reis van de koningen

Vanuit hun familiekapel hoefden de De'Medici's alleen schuin rechts de Via del Canto dei Nelli over te steken om hun huis te bereiken. Het **Palazzo Medici Riccardi** 4 was vanaf 1444 de woning van de bankiersfamilie, tot die in 1540 naar het Palazzo Vecchio verhuisde. Het palazzo is een typisch Florentijns renaissancepaleis.

De strenge buitenkant vormt een sterk contrast met het lieflijke binnenplein met zijn bogen, loggia's en beelden. De woonvertrekken zijn interessant om te zien en deels ingericht met originele meubels. Op de eerste verdieping ligt de **Cappella dei Magi**, genoemd naar Benozzo Gozzoli's fresco *Reis van de Drie Koningen*. Hierop zie je leden van de familie voor een Toscaans fantasielandschap, onder wie Lorenzo il Magnifico als jonge koning en leden van andere Italiaanse heersersgeslachten. De Compagnia dei Magi organiseerde in Florence jaarlijks met Driekoningen een lange, bijzonder mooie processie, waaraan Cosimo zelf ook deelnam.

Reis van de Drie Koningen van Benozzo Gozzoli in de Cappella dei Magi is een soort raadplaatje uit die tijd. Op het fresco staat de kunstenaar zelf ook afgebeeld: de man met de felrode muts tussen twee figuren met volle baarden (waarschijnlijk afkomstig uit het Oosten).

→ **OM DE HOEK**

Rond de Basilica San Lorenzo wordt elke dag een **leer- en souvenirmarkt** 🛍 (di.-vr. 7-14, za. 7-17 uur) gehouden, met jassen, tassen, riemen en schoenen in allerlei soorten en prijsklassen. Het aanbod is zo groot dat iedereen er wel iets naar zijn smaak vindt. Sandalen en T-shirts hebben meestal een vaste prijs, maar bij grotere aankopen kun je best afdingen.

De studentenwijk – **San Marco**

Laat de kerk San Marco niet links liggen. De door broeder Fra Angelico beschilderde monnikscellen verdienen een bezoek. Rond de kerk San Marco, de universiteit en de Galleria dell' Accademia kruisen toeristen en studenten elkaars pad. De botanische tuin biedt een fijn toevluchtsoord als het even te druk wordt.

De bankjes op de **Piazza San Marco** behoren tot de leukste zitplaatsen in het stadscentrum. Rond 12 uur komen studenten en werknemers van de omringende bedrijven naast het monument van generaal Manfredo Santi hier hun pizza eten. Die is vers van de plaat in het handje mee te nemen bij **Focacceria Pugi** ❶ op het plein (nr. 9/B).

Het gezicht van de 'echte' David in de Galleria dell'Accademia.

San Marco *#10*

De schilderende monnik

De aandacht gaat automatisch uit naar de kerk. De **San Marco** ❶ werd samen met het aangrenzende benedictijnenklooster (nu **Museo di San Marco**) in 1437 na bemiddeling door Cosimo de Oudere aan de dominicanen overgedragen en door Michelozzo, de architect van de De'Medici's, verbouwd en uitgebreid. In de barokperiode werd de kerk nogmaals verbouwd. De klassieke gevel ontstond in 1780. Bewaard uit de renaissance zijn onder meer de fresco's op de binnengevel en in de sacristie, waarvoor Michelozzo de stijl van Brunelleschi volgde.

Maar het mooist is het klooster, het tegenwoordige **Museo di San Marco** met de fresco's van Fra Angelico. De schilderende monnik heette eigenlijk Giovanni, maar werd door zijn medemonniken eerbiedig 'engelachtig' *(angelico)* genoemd. Karakteristiek voor zijn fresco's is de strakke visuele opbouw met weinig decor. Je ziet ze in de eerste kruisgang, het pelgrimsverblijf in het klooster en de kapittelzaal.

In het **pelgrimsverblijf** staat het altaarstuk van San Marco, een van Fra Angelico's topwerken. Maar het indrukwekkendst zijn de wandschilderingen in de **monnikscellen** boven. In elke cel hangt een fresco van Fra Angelico of van een van zijn medewerkers (alle 1440-1441). De fresco's in cel 1, 3, 6, 7, 9 en 10 zijn door hemzelf gemaakt. De cellen 12-14 vormen een gedenkplaats voor de monnik Savonarola. Deze felle tegenstander van de De'Medici's werd in 1498 verbrand op de Piazza della Signoria. Op de bovenverdieping ligt ook de **bibliotheek** naar ontwerp van Michelozzo, met handschriften. Dit was de eerste renaissancistische bibliotheekzaal; hij is vaak gekopieerd.

Een groene oase van rust

Na zoveel kunst belooft de botanische tuin van de universiteit ontspanning. De tuin wordt ook wel de **Giardino dei Semplici** ❷ genoemd: *piante semplici* was in de middeleeuwen de aanduiding voor geneeskrachtige planten. Hou bij de kloosteruitgang links aan en ga dan meteen weer links de Via La Pira in. Hier ligt het **hoofdgebouw van de universiteit**. De ingang van de tuin vind je in de rustige Via Micheli, buiten de drukte van de door het verkeer geplaagde wijk.

Bij de Accademia dell'Arte verkopen straatkunstenaars min of meer gelukte kopieën van oude meesters en heel populaire schilderijtjes van Florentijnse stadsgezichten.

#10 **San Marco**

De tuin en het botanisch museum zijn in 1545 aangelegd door Cosimo I. Tegenwoordig horen ze bij de universiteit. In de tuin groeien 9000 plantensoorten, waaronder 200 jaar oude ceders, mammoetbomen, geneeskrachtige en tropische planten. In 2014 werden delen van de tuin verwoest in een onweersbui, maar dit is grotendeels weer hersteld. Vooral in de lente, als de witte azalea's bloeien, is het hier mooi.

Meesterwerken van Michelangelo

Weer terug in de Via La Pira, die in de richting van de dom overgaat in de Via Ricasoli, stuit je

INFO EN OPENINGSTIJDEN

Museo di San Marco en kerk 1: Piazza San Marco 1, ma.-vr. 8.15-13.50, za., zo. 8.15-16.50 uur; gesloten 1e, 3e en 5e ma. en 2e en 4e zo. van de maand, € 4.

Giardino dei Semplici 2: Via Micheli 3, dag. 10-19, 16 okt–31 mrt. za.-ma. 10-17 uur, € 6 (met Museo di Geologia e Paleontologia in de universiteit € 10).

Galleria dell'Accademia 3: Riccasoli 60, voorverkoop: www.accademia. org/buy-tickets, di.-zo. 8.15-18.50 uur, € 12,50, zonder tentoonstelling € 8.

Cappella dell'Annunziata 4: dag. 16-17.15 uur.

ETEN EN DRINKEN

Voor het middageten gaan Florentijnse studenten naar de **Via San Gallo**, waar goedkope snackbars met stagelegenheid afwisselen met copyshops. Wie liever wil zitten, kan terecht in de **Trattoria San Gallo** 2 (Via San Gallo nr. 4r, zo.-vr. 12-15, 19-23.30, za. 19-23.30 uur), waar de kok Toscaanse gerechten bereidt. De sfeer is hier huiselijk, de porties zijn groot en de prijzen zijn afgestemd op studenten. De **Taverna Dioniso** 3 (Via San Gallo 16r, dag. 11-15, 19.30-24 uur), een paar stappen verderop, biedt moussaka, *bifteki* (biefstuk) en andere Griekse specialiteiten.

Uitneembare kaart F/G 3

San Marco #10

algauw op de lange rij wachtenden voor de **Galleria dell'Accademia** **3**, die de grote verzameling beelden van Michelangelo willen zien – vooral het origineel van zijn kolossale *David*. Om niet in de rij te hoeven staan, kun je het best online of telefonisch kaarten reserveren. De kunstacademie werd opgericht in 1562 en gefinancierd door Cosimo I. De bijbehorende beeldenverzameling diende als studiemateriaal voor de kunststudenten. De meesterwerken van Michelangelo staan in de Grote Zaal. Ook de galerij met Toscaanse schilderkunst uit de 13e en 16e eeuw is de moeite waard.

Wonderdoende Madonna

Voordat je de studentenwijk verlaat, kun je nog een kleine omweg maken naar de nabijgelegen **Piazza SS Annunziata**, een van de meest stijlvolle pleinen van de stad, aangelegd door de renaissancearchitect Brunelleschi en genoemd naar de boven alles uitrijzende **kerk** (1444-1477). In het barokke interieur vind je een groot aantal kapellen met waardevolle schilderingen uit de 15e en 16e eeuw. De grootste publiekstrekker is een schilderij van de Heilige Maagd uit 1252 in de **Cappella dell'Annunziata** **4**. Volgens de overlevering werd haar gezicht door engelen geschilderd. Daarom zou de Madonna wonderen doen en de Florentijnen bedanken haar daarvoor op 7 september tijdens het *Festa della Rificolona,* met een lampionnenoptocht door de hele stad.

De **afkorting SS** stamt van het Latijns *sanctissimus* of *sanctissima,* wat allerheiligste betekent (mannelijke en vrouwelijke vorm).

→ OM DE HOEK

Op de Piazza SS Annunziata nr. 12 staat nog een meesterwerk van Filippo Brunelleschi: het **Spedale degli Innocenti** **5**. Dit ziekenhuis werd geopend in 1445 en was een van de eerste organisaties waar via een luik anoniem pasgeboren baby's werden opgenomen. De geschiedenis van het hospitaal en het leven van de wezen wordt sinds 2016 belicht in het **Museo degli Innocenti** (www.museodegliinnocenti.it, dag. 10-19 uur, € 7, met korting € 5), dat ook internationale seminars over kinderthema's organiseert. De **Bottega dei Ragazzi** (ma.-za. 9-18.30 uur, www.familytour.it) geeft hier bovendien workshops voor kinderen tot 11 jaar over de geschiedenis en kunst van Florence.

In de oude folianten in het Museo degli Innocenti valt over het wel en wee van duizenden vondelingen te lezen.

Piazza, bella piazza –
rond de Santa Croce

Op het grote plein voor de kerk Santa Croce is geen verkeer, het plein is leeg en de bankjes staan er uitnodigend bij. Hier zit ik het liefst. De kerk Santa Croce vormt een eerbetoon aan heel beroemd Florence en bevat de grafmonumenten van de bekendste lokale kunstenaars en filosofen.

In 1530 voetbalden de Florentijnen op de Piazza Santa Croce terwijl de soldaten van keizer Karel V de stad belegerden – aan deze gebeurtenis herinnert nog het mooie Calcio Storico.

Op de **Piazza Santa Croce** heeft de tijd stilgestaan. Wie voor de oude fresco's van het **Palazzo dell'Antella**  staat, waant zich bijna in de renaissance – voor je zie je de mensen flaneren op het plein en de spelers van het gekostumeerd voetballen toejuichen, dat in de 15e eeuw ontstond. De ronde terracotta tegels op huisnummer 7 en 21 geven nog altijd de middenstreep van het speelveld aan. Op de piazza mogen geen terrasstoelen worden

Rond de Santa Croce *#11*

geplaatst, maar overal rondom staan oude stenen bankjes waarop je kunt zitten en kijken.

Pantheon van de Florentijnen

De franciscanenkerk **Santa Croce** `2` was, modern
gezegd, een megaproject. De bouw duurde bijna
een eeuw – van 1294 tot 1385. In Italië was alleen de oude Sint-Pieter in Rome even groot. De
campanile en de marmeren façade werden pas
voltooid in de 19e eeuw. Het 116 m lange schip
is een van de indrukwekkendste voorbeelden van
het Toscaans-Florentijnse schoonheidsideaal met
sobere vormen. Toch bevat de Santa Croce de
meeste kunstwerken van alle kerken in de stad.
Heel interessant zijn de **Cappella Peruzzi** met laat
werk van Giotto en de **Cappella Bardi** met taferelen uit het leven van de heilige Franciscus. Bij de
rondgang door de kerk moet je overigens genoeg
kleingeld op zak hebben om de fresco's te kunnen verlichten (met een automaat).

*Het gekostumeerde
Calcio Storico, dat al
eeuwenlang op de
Piazza Santa Croce
wordt gespeeld, is een
mix van voetbal en rug-
by, waarbij de ploegen
in vol ornaat verschij-
nen. Deze traditie is
onlangs nieuw leven
ingeblazen. Jaarlijks op
24 juni vindt de finale
plaats op de Piazza
Santa Croce.*

In Santa Croce vonden veel beroemde Florentijnen hun laatste rustplaats. Hier staat niet alleen
het enorme **grafmonument van Michelangelo**, ook
Lorenzo Ghiberti, Niccolò Machiavelli, Galileo Galilei en Gioacchino Rossini liggen hier begraven.
Het **grafmonument van Dante** is echter leeg en
herinnert eraan dat de beroemde zoon van de
stad in ballingschap stierf in Ravenna. Misschien
kijkt zijn **standbeeld** links voor de hoofdingang
van de kerk daarom zo streng op de Florentijnen
neer.

Rechts van de hoofdingang liggen de toegang
naar de **kloostertuin** `3`, de Cappella Pazzi en het
Museo dell'Opera di Santa Croce. In de door Brunelleschi ontworpen **Cappella Pazzi** ligt niemand
van de Pazzi's begraven, omdat ze na de aanslag
op de De'Medici's in 1478 gedood of verbannen
zijn. In het **Museo dell'Opera di Santa Croce** zijn
onder meer *Het Laatste Avondmaal* van Taddeo
Gaddi en het grote beschilderde crucifix van Cimabue (rond 1270) te zien. Dit kruis staat symbool
voor de grote overstroming van 1966, omdat het
toen zwaar beschadigd raakte.

De wijk van de leerbewerkers

Aan de Arno-oever in de wijk Santa Croce werd
al in de middeleeuwen gevild, geverfd en leer
verwerkt. Daarvan getuigen nog de straatnamen

Santa Croce

#11 **Rond de Santa Croce**

Uitneembare kaart F/G 5

INFO EN OPENINGSTIJDEN

Kerk Santa Croce 2, 3: Piazza Santa Croce, ma.-za. 9.30-17.30, zo. 14-17.30 uur, € 6 incl. museum, kassa bij de linker ingang.

Scuola del Cuoio : Via San Giuseppe 5r, www.scuoladelcuoio.com, dag. 10-18 uur, in de winter zo. gesloten.

ETEN EN DRINKEN

Vlak bij de piazza kun je in de **Fattoria San Michele a Torri** 1 (Via dell'Agnolo 101r, wo.-za. 10-13, 16-20, ma. 16-20 uur) volop wijn en olijfolie van biologische teelt inslaan. 's Middags worden in de winkel ook kleine gerechtjes met verse groenten geserveerd.

Via delle Conce (looiers), Corso dei Tintori (ververs) en Via dei Saponai (zeepzieders). Nu zijn rond de Piazza Santa Croce lederwarenwinkels van zeer uiteenlopende kwaliteit te vinden.

Niet ver van de Piazza Santa Croce geven in de **Scuola del Cuoio** Florentijnse meester-leerbewerkers hun kennis door aan leerlingen uit de hele wereld. In de werkplaats zie je ze de dierenhuiden snijden, bewerken en naaien. Er zijn ook lederwaren te koop (tassen, accessoires en jasjes). De prijzen variëren van € 20 voor een portemonnee tot € 2000 voor een aktetas. Een bezoek aan de werkplaats en de idyllische binnenhof loont de moeite, maar koopjes vind je er niet.

→ **OM DE HOEK**

Vlak bij de piazza ligt het **Casa Buonarroti** 4 (Via Ghibellina 70, www.casabuonarroti. it, wo.-ma. 10-16 uur, € 6,50, met korting € 4,50), al sinds 1600 een museum voor Michelangelo (wiens achternaam Buonarroti was). Je ziet er vroege werken van hem, zoals het marmerreliëf *Madonna della Scala* (circa 1491) en *Strijd tussen de Lapithen en de Centaurs* (circa 1492) plus een wisselende expositie van ongeveer tweehonderd originele tekeningen.

In- en uitzicht – **San Miniato al Monte en San Niccolòwijk**

 # 12

Een wandeling op de heuvel van de San Miniato al Monte is dubbel de moeite waard: de romaanse grafkerk is een van de mooiste van Florence en het uitzicht op de kronkelstraatjes, koepels en torens beneden is onvergetelijk. Het mooist is het panorama tijdens zonsondergang, als de daken goudrood glanzen. Een bijpassende 'sundowner'-cocktail wordt gemixt in de hippe cafés in de kunstenaarswijk San Niccolò. ▼

Wanneer de zon aan het eind van de middag niet meer zo fel brandt, kun je de lichte klim naar de San Miniato wel wagen (circa 40 minuten). Vanaf Santa Croce steek je de Ponte alle Grazie en de Piazza dei Mozzi over en ga je linksaf de Via San

Op de Monte Miniato ligt Florence aan je voeten. Het grandioze uitzicht doet je de flinke wandeling direct vergeten.

#12 San Miniato al Monte en San Niccolòwijk

Na het bezoek aan de kerk San Miniato kun je pauze houden in de trattoria Beppa Fioraia.

Niccolò in. Deze weg voert voorbij de Porta San Miniato in de stadsmuur. Vanaf de poort loopt de Via del Monte alle Croci omhoog en mondt uit in de Viale Galileo Galilei. Met elke stap wordt het panorama over de stad weidser, met de fraaie koepel, de oeroude torens en Toscaanse heuvels in de achtergrond.

Zonder hoofd op de Monte alle Croci

Het uitzicht is op zijn indrukwekkendst als je van de Viale Galileo Galilei de laatste trappen naar de kerk beklimt: achter je glanst de marmeren gevel van de kerk **San Miniato al Monte** 1 (1150-1207) en voor je strekken de rode daken van de stad zich uit. Als de zon laag staat, dan glanst ook het mozaïek op de gevel van de kerk goudachtig. Volgens de legende werd de martelaar Minias in 250 aan de oever van de Arno onthoofd. Maar hij zette zijn hoofd weer op en beklom de heuvel, waar hij stierf en waar de grafkerk werd gebouwd.

Tegenwoordig behoren de kerk en het klooster tot de benedictijnenorde. Na het baptisterium is de San Miniato het mooiste voorbeeld van de Florentijns-romaanse stijl. De opbouw lijkt op een

INFO EN OPENINGSTIJDEN

Kerk San Miniato al Monte 1 : Via del Monte alle Croci 34, dag. 9.30-19.30, zo. 8.15-9.45, 12.30-17 uur, toegang gratis.
Cimitero Porte Sante 2 : apr.-sept. 8-18, okt.-mrt. 8-17 uur, zo., feestdagen 8-13 uur.

ETEN EN DRINKEN

In de tuin van **Trattoria Beppa Fioraia** 1 (Via dell'Erta Canina 6r, dag. 12.30-14.30, 19.30-24 uur) zit je als in een mooi Toscaans landgoed. De kaart biedt weelderige antipasti, vleeswaren- en groenteschotels plus warme gerechten voor redelijke prijzen. Buiten eten kan ook op de binnenplaats van de **Enoteca Fuori Porta** 2 (Via del Monte alle Croci 10r, dag. 12.30-0.30 uur), met een passend wijntje van de goede wijnkaart erbij.

Uitneembare kaart G 6/7

San Miniato al Monte en San Niccolòwijk #12

vroegchristelijke basilica en omvat drie schepen met een plat dak. Echt prachtig zijn de **marmeren mozaïeken** met de tekens van de dierenriem (1207) in de vloer van het middenschip en het Christusmozaïek in Byzantijnse stijl in de apsis. Ook de **Cappella del Crocifisso** door Michelozzo (1448) is erg fraai, met terracotta medaillons van Luca del Robbia (net als op het Spedale degli Innocenti). In het oudste deel van de kerk, de **crypte** (11e eeuw), wordt het gebeente van de heilige Minias bewaard. De fresco's in de gewelven zijn rond 1341 geschilderd door Taddeo Gaddi. In de crypte wordt rond zonsondergang de vespergebedsdienst gehouden, vaak met sfeervolle gregoriaanse zang.

Links van het godshuis ligt het kerkhof, **Cimitero delle Porte Sante** 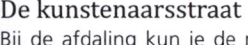 (circa 1860), met rijkversierde mausolea. Op dit mooie plekje liggen beroemde mensen begraven, zoals de familie van ontdekkingsreiziger Amerigo Vespucci, de schrijver Vasco Pratolini en Carlo Collodi, de auteur van de verhalen over Pinocchio, het houten mannetje met de lange neus.

De kunstenaarsstraat

Bij de afdaling kun je de met bussen bezaaide **Piazzale Michelangelo** omzeilen en direct aansturen op de **Via San Niccolò**. Hier groeten mensen elkaar nog, de sfeer is gezellig. Rechts kom je langs de kleine galerie van **Giovanni de Gara** (Via San Niccolò 35b, overdag meestal geopend). In de etalage liggen zijn houten boeken, genaamd 'The real story of a tree', die in Florence zijn uitgegroeid tot cultobjecten. De Gara maakt ze van gebruikt hout, als protest tegen grootschalige houtkap en verspilling.

In de tegenovergestelde richting vind je op de hoek met de Via dell'Olmo (nr. 8) de winkel van de Franse streetartkunstenaar **Abraham Clet**. Zijn gepimpte verkeersborden – met onder andere een mannetje dat de witte verbodsbalk steelt – vallen in de hele stad te ontdekken.

Wie meer houdt van mystiek en pracht en praal, neemt een kijkje in het atelier van goudsmid **Alessandro Dari** (nr. 115r, dag. 10-19.30 uur). Zijn pronkstukken met engelen, spinnen en kroontjes zijn ware kunstwerken. Vaak vind je de ambachtsman in een hoekje aan het werk.

De met veel fantasie gepimpte verkeersborden van Abraham Clet toveren een glimlach op het gezicht van gestreste chauffeurs.

13

Vorstelijke pracht –
Palazzo Pitti en Giardino di Boboli

In het grootste palazzo van Florence kun je gemakkelijk verdwalen. De prachtige collecties – van kunst tot kleding – laten zien hoe prinsen en koningen hier ooit leefden. Je zult een keuze moeten maken, zodat er nog tijd overblijft voor de Giardino di Boboli, een van de mooiste renaissancetuinen van Italië.

Vanuit het Palazzo Pitti konden de De'Medici's tot op de andere Arno-oever kijken.

Het indrukwekkende **Palazzo Pitti** 1 is het zoveelste bewijs van de hang naar groot en mooi en de niet bepaald bescheiden aard van de Florentijnen. Het paleis werd gebouwd in opdracht van de bankier Luca Pitti met de uitdrukkelijke wens dat alle ramen hoger moesten worden dan de entree van het paleis van de gehate De'Medici's (het huidige Palazzo Medici Riccardi).

Palazzo Pitti en Giardino di Boboli *#13*

Hoogmoed komt voor de val

De uitvoering van het ontwerp, waarschijnlijk van Filippo Brunelleschi, begon in 1457. In 1465 werd de bouw onderbroken omdat de familie failliet ging. Ironisch genoeg werd het palazzo in 1549 gekocht door de De'Medici's. Hun vertrek uit het Palazzo Vecchio had onder meer een strategische reden: aan de overzijde van de Arno waren de stadsbestuurders veiliger voor rebellen en konden ze de burgers in toom houden met de kanonnen van het **Forte di Belvedere**, de stervormige vesting aan de rand van de Bobolituin.

De De'Medicifamilie gaf Bartolomeo Ammanati opdracht het paleis uit te breiden. Daarna woonden hier de grootvorsten van Lorena en in de 19e eeuw het koningshuis Savoye. Het Palazzo Pitti is tegenwoordig drie keer zo groot als het origineel. Alleen de voorgevel is al 200 m lang. Op het terrein zijn in totaal zes musea en collecties ondergebracht, dus je kunt kiezen. Ik vind de Galleria Palatina en de koninklijke vertrekken het interessantst, maar vorm vooral je eigen mening.

Hoge deuren en ramen moesten de macht en de rijkdom van de bankiersfamilie Pitti duidelijk maken.

Kunst en meubilair van de paleisbewoners

In de **Galleria Palatina** hangen Florentijnse schilderijen van renaissance tot maniërisme, maar ook meesterwerken van Rafaël, Titiaan, Tintoretto, Rubens en Van Dyck. Anders dan in het Uffizi zijn de schilderijen uit de privégalerie van de familie Lorena niet in chronologische volgorde opgehangen, maar ingedeeld volgens de smaak van de toenmalige eigenaars. De vijf zogenaamde Planetenzalen zijn versierd met fresco's (1641-1647) van Pietro da Cortona. Interessant is ook de badkamer in empirestijl die in 1813 werd gebouwd voor de zus van Napoleon.

Aansluitend kun je de **Appartamenti Reali** bekijken, de koninklijke vertrekken. De gemeubileerde en met goud, stuc en zijden wandtapijten versierde kamers tonen de stijl en smaak van de opeenvolgende paleisbewoners.

In de **Galleria d'Arte Moderna** zie je overwegend neoclassicistische werken, de impressionistische schilderijen van de *macchiaioli* ('vlekkenschilders') rond Diego Martelli en heel interessante werken van de futuristen Giacomo Balla en Filippo Marinetti.

▶ **INFO**

Uitgebreide informatie over palazzo en park in het Engels of Italiaans vind je op **www.visit florence.com/it/firen ze-musei/giardino- boboli.html.**

#13 **Palazzo Pitti en Giardino di Boboli**

INFO EN OPENINGSTIJDEN

Reservering tickets: www.uffizi.com/
galleria-degli-uffizi/giardino-di-boboli-
firenze.asp
**Galleria Palatina, Galleria d'Arte
Moderna, Appartamenti Reali, Museo degli Argenti:** di.-zo. 8.15-18.50
uur, voor actuele openingstijden zie ook
www.uffizi.firenze.it/musei, € 8,50, bij
speciale tentoonstellingen € 13
**Museo delle Porcellane, Giardino
di Boboli:** apr., mei, sept., okt. dag.
8.15-18.30, juni-aug. tot 19.30, nov.-feb.
tot 16.30, mrt. tot 17.30 uur, 1e en
laatste ma. van de maand gesloten
Combikaartjes: Giardino di Boboli,
Giardino Bardini, Museo degli Argenti,
Museo delle Porcellane en Galleria
del Costume € 10; Galleria Palatina,
Appartamenti Reali en Galleria d'Arte
Moderna € 8,50

ETEN EN MUZIEK

Een kleine omweg naar de **Piazza
della Passera** is de moeite waard. Hier
serveert **Caffè degli Artigiani** ❶ (Via
dello Sprone 16r, dag. 9-1 uur, salade
en drankje € 10) met fantasie bereide
salades, panini en zelfgebakken taarten.
's Zomers wordt en op vrijdagavond
livemuziek gespeeld.
Een bijzondere sfeer hangt in restaurant
La Leggenda dei Frati ❷ (Costa
San Giorgio 6a, www.moba.fi.it/moba.
html, restaurant di.-zo. 18-23, terras
18.30-2 uur, menu € 50). In de mooie
oude zalen van de Villa Bardini biedt
chef-kok Filippo Saporito geraffineerde
visgerechten in een moderne entourage.
Op het terras met een weids uitzicht
over de stad kun je genieten van een
aperitief of een ander drankje, vaak bij
de klanken van jazzmuziek.

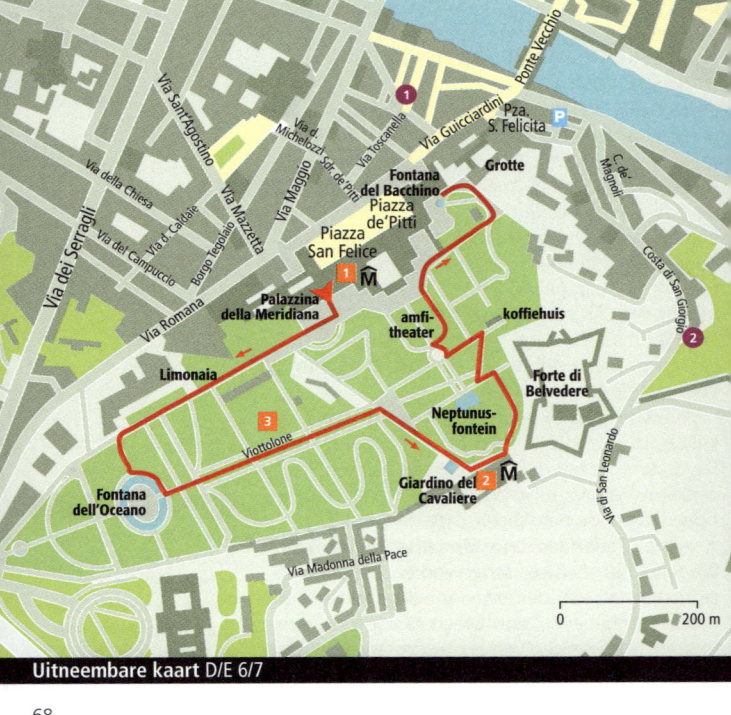

Uitneembare kaart D/E 6/7

Palazzo Pitti en Giardino di Boboli *#13*

Tijdens een rondje door de **Galleria del Costume** in het **Palazzina della Meridiana** zie je hoe de paleisbewoners zich kleedden. Hier zijn kostbare gewaden van de groothertog en zijn familieleden uitgestald, maar ook theaterkostuums uit het atelier van Umberto Tirelli. In het **Museo degli Argenti** ligt waardevolle kunstnijverheid van zilver- en goudsmeden en graveurs, waaronder curiosa als engelen die op zeepaardjes rijden en Romeins vaatwerk uit de collectie van Lorenzo il Magnifico.

Het onderhoud van het enorme Palazzo Pitti kost kapitalen en het geld moet ergens vandaan komen. Sinds 2016 kunnen Italiaanse en bekende buitenlandse **modeontwerpers** in de chique zalen van de Galleria del Costume hun **collecties** presenteren.

Het **Museo delle Porcellane** `2` bevindt zich niet in het palazzo, maar op een idyllisch heuveltje in de Bobolituin, en is gehuisvest in het door een geurige tuin omringde **Casinò del Cavaliere** uit de 18e eeuw. De collectie omvat het porselein van de drie families die het palazzo hebben bewoond, van koffiekopjes tot beeldjes.

Flaneren in het groen

De **Giardino di Boboli** `3` bereik je van de Piazzale di Porta Romana of via de tuin van het Palazzo Pitti. Hier begint een wandeling door een van de mooiste tuinen *all'italiana*. Voorbij het **Palazzina della Meridiana** zie je rechts de **Limonaia**, een 18e-eeuwse citroenboomgaard. Vanhier gaat het links naar de vijver met de **Fontana dell'Oceano** van Giambologna. Links van het water loopt een door cipressen omzoomd pad, de **Viottolone**, omhoog naar het **Casinò del Cavaliere** met het **Museo delle Porcellane** (Porseleinmuseum). Hier ontvouwt zich een adembenemend uitzicht over de stad. Rechtdoor ligt wat verstopt in de doolhof de **Neptunusfontein**. In de richting van het Forte di Belvedere ligt een **koffiehuis** in Habsburgse stijl (gesloten). Op de terugweg naar het palazzo passeer je het barokke **amfitheater** en de **Artisjokkenfontein**. Vlak bij de uitgang zie je nog twee hoogtepunten. De **Grotte** (1583-1585), een kunstmatige grot van de architect Buontalenti, is een imposant bouwwerk vol echte stalactieten, Michelangelobeelden (kopieën) en een Venus van Giambologna. Ten slotte word je bij de **Fontana del Bacchino** (Fontein van de Kleine Bacchus) nog gedag gezegd door de dikke hofdwerg van Cosimo I de'Medici, die op een schildpad rijdt. Boze tongen beweren dat het beeld als twee druppels water op de hertog lijkt. Op dit punt eindigt de Corridoio Vasariano (Gang van Vasari) die in het Palazzo Vecchio begint (zie blz. 21).

De Giardino di Boboli wordt doorkruist door fijne wandelpaden.

14

Renaissancetempels –
Santo Spirito en
Cappella Brancacci

Twee kerken, twee reisjes door de renaissance. Met de Santo Spirito zette de bouwmeester Brunelleschi de kroon op zijn levenswerk. Deze kerk laat de ontdekking van het perspectief in de architectuur goed zien. In de Cappella Brancacci van de Santa Maria del Carmine hebben diverse schilders samen een meesterwerk gemaakt waarin de oplettende kijker de regels van de renaissancekunst herkent.

Volmaakte harmonie: de kerk Santo Spirito is een prachtig voorbeeld van renaissancebouwkunst.

Wie de augustijnenkerk Santo Spirito gaat bekijken, moet weten wat hij wil, want in de straatjes rond het kerkplein liggen genoeg aparte winkeltjes met kleding en kunst en leuke cafés om je af te leiden en de tijd te laten vergeten. Ga dus

Santo Spirito en Cappella Brancacci #14

recht op je doel af, want de **Santo Spirito** 1 is het laatste grote werk van Filippo Brunelleschi en behoort tot het belangrijkste erfgoed van de renaissance. De kunstenaar Gian Lorenzo Bernini, de schepper van het Sint-Pietersplein in Rome, noemde dit 'de mooiste kerk ter wereld'.

Architectuur als wetenschap

De **voorgevel** van de augustijnenkerk is eenvoudig, met later toegevoegde barokelementen. Het interieur is licht, elegant en harmonieus. Bijzonder is dat de drie beuken een architectonische eenheid vormen. Brunelleschi – als ware renaissanceman – beschouwde de ruimte als één geheel, bestaand uit ideale geometrische vormen. Gelijktijdig met de renaissanceschilderkunst ontdekte hij het perspectief als architectonisch middel om een ruimte te ordenen. Het woord renaissance komt van *rinascità*, de 'wedergeboorte' van de antieke traditie. Niet langer het hiernamaals, maar de mens was nu de maat van de dingen en deze maat vond men in de wetenschap. Daarom berust het ruimtelijk perspectief in Brunelleschi's architectuur op wiskundige berekeningen. De Santo Spirito en de domkoepel zijn meesterwerken van deze nieuwe, door hem ontwikkelde bouwstijl.

De sober ogende Santo Spiritogevel doet niet vermoeden dat het kerkinterieur tot de absolute hoogtepunten van Brunelleschi's gebouwen behoort.

Onder de altaarstukken in de **zijkapellen** vind je belangrijke werken, zoals de Madonna van Filippino Lippi (kapel 12, rond 1488) en het marmeren altaar van de Corbinellikapel. De **sacristie** van Guiliano da Sangallo behoort tot de interessantste Florentijnse architectonische werken uit eind 15e eeuw. Da Sangallo verbond met ongekend gemak een op de Romeinse architectuur gebaseerd tongewelf met een achthoekige koepel, en nam daarmee Brunelleschi's idee van de ruimte als geheel over.

Het manifest van de renaissanceschilderkunst

Met de Piazza Santa Spirito in de rug gaat het rechts over de Via San Agostino/Via Santa Monaca naar de **Santa Maria del Carmine**. De karmelietenkerk, waarvan de bouw in 1268 begon, werd in 1771 door brand verwoest. Alleen de beroemde **Cappella Brancacci** 2, die in 1423 in opdracht van de rijke zijdehandelaar Felice Brancacci was

#14 Santo Spirito en Cappella Brancacci

Uitneembare kaart C-E 5/6

INFO EN OPENINGSTIJDEN

Santo Spirito 1 : ma., di., do.-za.
8.30-12, 16-17.30, zo. 11.30-12.30 uur,
toegang gratis.
Cappella Brancacci 2 : de ingang
ligt rechts van de kerk Santa Maria
del Carmine, ma., wo.-za. 10-17, zo.,
feestdagen 13-17 uur, toegang € 6;
reserveren aanbevolen, tel. 055 276 82
24 en 055 276 85 58, http://museicivici
fiorentini.comune.fi.it/de/brancacci.

ETEN EN DRINKEN

In de chique ambiance van **Dolce
Vita** 1 (Piazza del Carmine 5r, www.
dolcevitaflorence.com, 17-2 uur) komen
mooie mensen bij elkaar voor het aperitief, dat in het Florentijns *dolce vita* wordt
genoemd. Je vindt er een groot buffet
en later op de dag ook warme gerechten
aan een tafeltje (€ 10). Vroeger was de
Piazza del Carmine een parkeerterrein,

tegenwoordig is het plein autovrij en kun
je aan de tafeltjes van de **Trattoria Napoleone** 2 (liefst reserveren, via www.
trattorianapoleone.it of tel. 055 28 10 15,
dag. 19-1 uur, menu € 35) ongestoord
buiten zitten. Het restaurant wordt
gerund door de Afrikaan Maxim Ngona
en een Florentijnse en deze combinatie
werkt blijkbaar heel goed. Uit de keuken
komen met fantasie bereide mediterrane
gerechten. Maar er is ook pizza en de
prijzen zijn niet overdreven hoog. Smaak-
volle ambiance en grote tafels, maar ook
intieme hoekjes en tafeltjes op het plein.

CULTUURHOEKJE

In de **Libreria La Cité** 1 (Borgo San
Frediano 20r, dag. 9-2, zo. vanaf 15 uur)
kun je niet alleen lekker zitten lezen,
maar vind je ook een koffiebar, livemuziek en aardige mensen, en er vinden
debatten plaats – een culturele oase.

gebouwd, bleef gespaard. Masaccio en Masolino
da Panicale zouden de fresco's in de familiekapel
schilderen. Ze maakten twaalf taferelen over de
Erfzonde en het leven van de heilige Petrus. In
1428 moesten zij hiermee stoppen omdat de familie Brancacci door de De'Medici's werd verbannen. Pas zestig jaar later werd het schilderwerk
aan de fresco's voltooid door Filippino Lippi. Het

Santo Spirito en Cappella Brancacci *#14*

resultaat van dit mooie 'teamwork' vormt een soort manifest van de renaissanceschilderkunst of, zoals Vasari het noemde, een kijkje in de 'school van de wereld'.

De **fresco's** in de Cappella Brancacci vormen een geheel, maar de verschillende stijlen zijn desondanks herkenbaar. De **Zondeval van Masolino** kenmerkt zich door de internationale gotiek, dus door zachte, sierlijke lijnen. **Masaccio's** *Betaling van het tribuut* toont de vernieuwingen van de renaissanceschilderkunst. Je ziet drie scènes: Christus (midden) geeft Petrus opdracht een vis te vangen (links). In de bek van de vis vindt hij het geld waarmee de belastinginner kan worden betaald (rechts). De ruimte is niet langer een smal toneel, maar een weids landschap: een oneindige ruimte die is opgebouwd volgens de wetten van het lijnperspectief. De verdienste van **Lippi** is dat hij zich heel goed aan Masaccio's stijl wist aan te passen, en beeldt hij de gezichten scherper en portretachtiger af. *Paulus bezoekt Petrus in de gevangenis* en *Petrus uit de gevangenis bevrijd door een engel* behoren tot het beste werk van de jonge Filippino Lippi.

Tegenover de Brancacci-kapel ligt de **Cappella Corsini**. De tegenstelling zou nauwelijks groter kunnen zijn: aan de ene kant zie je de zachte lijnen van de renaissance, aan de andere kant een zeldzaam voorbeeld van de weelderige, drukke Romeinse barok in Florence.

Het enige portret van **de architect Brunelleschi** uit zijn tijd bevindt zich in de Cappella Brancacci. Bekijk het tafereel *Petrus op het katheder* goed: aan de rechterkant leunt een figuur met een zwarte kap voorover; dit is Brunelleschi.

Zo mooi kan zondigen zijn: Adam en Eva met de slang in de Cappella Brancacci door Masolino da Panicale.

15

In de wijk van de ambachtslieden – **Oltrarno**

De mooiste afsluiting van de dag vind je in de wijk Oltrarno tussen Santo Spirito en San Frediano. Hier maken ambachtslieden volgens oude tradities waardevolle kunstdrukken, gouddecoraties en maatschoenen, en jij mag over hun schouder meekijken. Wanneer de werkplaatsen sluiten, is het tijd voor een drankje in een van de bars van Oltrarno, waar de Florentijnse nacht het langst duurt.

In Oltrarno worden nog oude ambachten in ere gehouden, zoals het vergulden van lijsten.

Als je op de **Piazza Tarquinio Tasso** in het hart van de wijk San Frediano staat, lijkt Florence een doodgewone stad. De *ragazzi* voetballen. Oude mannen zitten op hun stoel voor de gele huisjes met houten luiken naar ze te kijken. Samen met

Oltrarno #15

de wijken Santo Spirito en San Niccolò vormt San Frediano het stadsdeel Oltrarno, letterlijk het gebied 'aan de overzijde van de Arno'. Hier waren de ambachtslieden komen wonen die de palazzo's van de De'Medici's hadden gebouwd en versierd met verguld houtwerk en wandtapijten. Een paar van deze oude handwerkersfamilies wonen hier nog altijd.

Tradities in ere houden

De familie van Valerio Romanelli woont al sinds de 13e eeuw in San Frediano. Hij heeft de **bottega** 🛈 (Via del Leone 43), een kleine werkplaats op een steenworp afstand van de Piazza Tasso, van zijn vader overgenomen. Binnen heeft alles een gouden glans, want Signor Romanelli voorziet schilderijlijsten en iconen van flinterdun bladgoud. Zijn enige hulpmiddel is een penseel waarmee hij het velletje goud razendsnel aandrukt en gladstrijkt. Er mag geen flinter goud worden verspild, want een kistje met de edelmetalen vellen kost algauw € 400. De meester-vergulder verkoopt veel aan souvenirhandelaars, maar zijn werkplaats biedt ook directe verkoop. In zijn jeugd zaten in deze wijk alleen maar ambachtslieden, zegt hij.

Ook de kopergraveur Gianni Raffaelli is gebleven. Hij beoefent de oude aquatint-etstechniek. Dat de koperetstechniek vooral in Florence nog leeft, is geen toeval. De eerste op deze wijze gemaakte prent kwam uit Florence. De bottega van Raffaelli, **L'Ippogri Fo** 🛈 (Via Santo Spirito 5r), ligt op een paar minuten lopen van Via Leone. Hou vanaf de werkplaats van Romanelli rechts aan en ga aan het eind rechtsaf in de Borgo San Frediano, die overgaat in de Via Santo Spirito. In de werkplaats staan de koperen platen die Raffaelli met een waslaag bedekt, om ze dan te bekrassen met fijne motieven. Een van zijn favoriete onderwerpen is het Florentijnse stadsgezicht.

Straat vol antiek

Vanaf de Piazza Santo Spirito ben je in een mum van tijd in de beroemde antiekstraat **Via Maggio** 🛈. In bijna alle mooi ingerichte etalages staan antieke meubels, spiegels, keramiek, beelden en schilderijen uitgestald. Hier vind je het beste, en ook het duurste, dat de Florentijnse

---

▶ LEESVOER

In zijn roman **Le ragazze di San Frediano** beschreef Vasco Pratolini het leven van de gewone man in Oltrarno. Soms zijn de verhalen tragisch van toon, soms romantisch, maar ze maken duidelijk dat de bewoners van Oltrarno altijd belangrijk waren voor de stad.

O OVERIGENS

Op de **Piazza Tarquinio Tasso** herinnert een gedenksteen aan een vreselijk bloedbad. In de middag van 17 juli 1944, toen er vooral vrouwen en kinderen op het plein waren, doken er plotseling SS'ers op. Ze openden het vuur op de onschuldige mensen – waarschijnlijk een vergeldingsmaatregel in de van oudsher antifascistisch ingestelde San Fredianowijk.

#15 Oltrarno

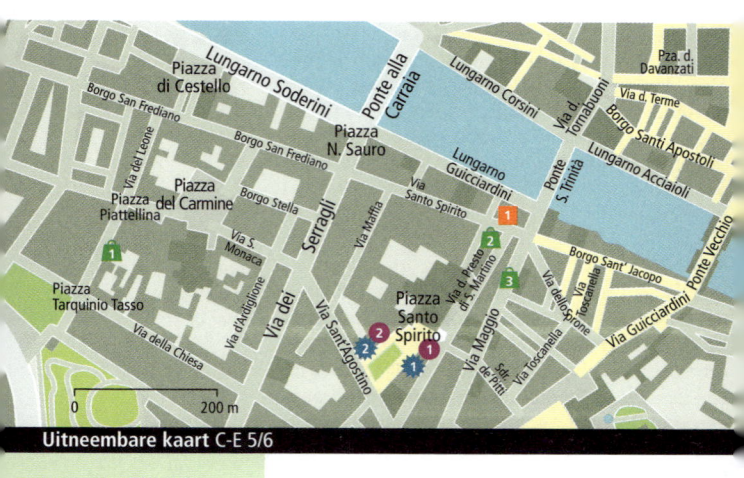

Uitneembare kaart C-E 5/6

INFO EN OPENINGS-TIJDEN

Cabiria Winebar 1: Piazza Santo Spirito 4r, 11-2 uur, aperitief met drankje en buffet € 7.

Tamerò 2: Piazza Santo Spirito 11r, tel. 055 28 25 96, www.tamero.it, 12-15, 19-2 uur, aperitief met drankje en buffet € 8.

Volume 1: Piazza Santo Spirito 5r, ma.-za. 11-2 uur.

Pop Café 2: Piazza Santo Spirito 18a/r, 12.30-2 uur, klein/groot bord bij het buffet € 6/8.

Werkplaatsen 3: meestal dezelfde openingstijden als de winkels in Oltrarno, ma.-vr. 9-13, 15-19, za. 9-13 uur.

antiekhandelaars te bieden hebben. Aan de Via Maggio woonde de hofhouding van de De'Medici's, daarom zijn de palazzo's hier zo prachtig. Neem vooral eens een kijkje op de met arcaden versierde binnenplaatsen, zoals in het **Palazzo Zanchini-Corbinelli** en **Palazzo Dami**.

's Avonds op de piazza

Ga na sluitingstijd van de winkels en werkplaatsen op een holletje naar de **Piazza Santo Spirito**, waar de bars en restaurants zich klaarmaken voor een lange avond. Dit is een van de weinige pleinen in de stad waar je onder de bomen kunt zitten. Op de derde zondag van de maand wordt hier een biologische levensmiddelenmarkt gehouden, waar ook keramiek, houten gereedschap en ander handwerk te vinden zijn. Vroeger was de piazza 's avonds een trefpunt van alternatieve jongeren. Vandaag delen ze het plein met bezoekers. Ik vind dit de beste plek om een zomeravond in Florence door te brengen. Vaak zijn er concerten, de restaurants zitten altijd vol.

De **Cabiria Winebar 1** zit al twintig jaar aan het plein. In dit wijnlokaal eten de Florentijnen 's middags een salade of een warm groentegerecht, 's avonds is er voor bij het aperitief een rijkgevuld buffet, dat zelfs pasta en vleesgerechten bevat. In het weekend staan wisselende dj's achter mengtafel. Op het naastgelegen adres wordt het uitgaansleven voortgezet in de cocktailbar **Volu-**

Oltrarno *#15*

Rond de kerk Santo Spirito vind je talloze tentjes om neer te strijken; vooral 's zomers is dit een van de fijnste plekjes van de stad.

me ①. Hier was vroeger een meubelmakerij ondergebracht, de draaibanken en gereedschappen staan er nog. Met een drankje in de hand kun je oude foto's en houtsnijgereedschap bekijken of een nummer uitkiezen in de jukebox, als er niet al een bandje speelt.

In het **Pop Café** ② mixt Clementina mojito's en biodrankjes, al dan niet met alcohol. Op het caféprogramma staan livemuziek en popcompilaties van de gasten. 's Middags serveert ze bij een drankje ook hapjes, rijstgerechten, sushi en salades. Op zondag kun je hier van 12.30-15 uur terecht voor een vegetarische brunch.

Heel hip is de pastabar **Tamerò** ❷, ingericht in een voormalige automonteurswerkplaats. Net als het vintagedesign is de sfeer 'very urban chic'. Bij een glas wijn of een cocktail mag je je bedienen aan het buffet of bestel je een bord huisgemaakte pasta. Vanaf 23 uur verandert het lokaal in een club met livemuziek (jazz, funk, soul, electronic), dj-sets en evenementen.

→ OM DE HOEK

Ook de beroemde Florentijn Niccolò Machiavelli (1469-1527) woonde in Oltrarno. Het familiehuis, het **Palazzo Machiavelli** ①, staat nog altijd op de Via Santo Spirito 5-7 (het grenst aan de kerk). Machiavelli was de rentmeester van de De'Medici's, door wie hij later werd opgepakt, gemarteld en in ballingschap gestuurd. Aan het vorstenhof had hij alle trucjes en complotten van de machtspolitiek leren kennen, en daarop baseerde hij zijn tot op heden even beroemde als omstreden boek *De vorst*. Machiavelli wordt gezien als de grondlegger van de politieke wetenschap.

▶ **BOTTEGHE ANTICHE**

Als je de werkplaatsen van de *artigiani* niet op eigen houtje wilt bezichtigen, kun je ook meegaan op een **rondleiding**. Hierbij worden drie ateliers bezocht. De tocht duurt ongeveer drie uur (start half sept.-juni ma., do. 15 uur op de Piazza Pitti, rondleidingen in Engels en Italiaans, € 10, reserveren op tel. 055 265 45 87 of via www. qnholidays.it).

Museumlandschap van Florence

ENTREEBEWIJZEN voor een andere wereld...
Met Uffizi (▶ blz. 24) en Galleria dell'
Accademia (▶ blz. 59) zijn er 72 musea
in Florence. Dit zijn mijn favorieten:

MAAR BESLIS VOORAL ZELF!

Museo Novecento (of 'Museo 900')
apr.-sept. za.-wo. 9-19,
do. 9-14, vr. 9-23, okt.-mrt.
vr.-wo. 9-18, do. 9-14 uur
€ 8,50 (geen korting)

◯ JA ◯ NEE

Installaties, sculpturen en schilderijen, maar ook kostuums, poëzie en vooral veel films belichten de 20e-eeuwse artistieke activiteiten in de stad, waaronder de avant-garde uit de jaren 60 en de Biënnale in 1988.
📖 D 4, www.museonovecento.it

Museo di Storia della Fotografia Alinari
do.-di. 10-18.30 uur
€ 9, met korting € 7,50

◯ JA ◯ NEE

Dit museum is gewijd aan de broertjes Alinari, die in Florence vanaf 1852 een fotostudio hadden. Je ziet er 350.000 originele foto's van Italiaanse en bekende buitenlandse fotografen plus oude en nieuwe stadsgezichten.
📖 E 3, www.alinarifondazione.it

Museo Stefano Bardini
vr.-ma. 11-17 uur
€ 6, met korting € 4

◯ JA ◯ NEE

Stefano Bardini's (1854-1922) verzameling middeleeuwse en renaissancekunst is een van de mooiste van Florence. Het museum is ondergebracht in een voormalige kerk.
📖 F 6, www.museicivicifiorentini.comune. fi.it/bardini/

Museo Fiorentino di Preistoria
ma. 15.30-18.30, di., do.
9.30-12.30, 15.30-18.30,
wo., vr., za. 9.30-12.30 uur
€ 4,50 (geen korting)

◯ JA ◯ NEE

Bij de ingang van dit museum staat het skelet van een holenbeer, leuk voor de kids. Op de eerste etage van het kloostergebouw wordt aan de hand van botten en fossielen de menselijke geschiedenis geschetst.
📖 F 4, www.museofiorentinopreistoria.it

Museumlandschap van Florence

CCC Strozzina (Centro di Cultura Contemporanea)
prijzen en openingstijden variëren per tentoonstelling, zie ook website

● JA ● NEE

Het in het Palazzo Strozzi gevestigde CCC is het eerste project voor moderne cultuur in Florence. De opzet van het Centro is interdisciplinair en toont de kunst in relatie tot het digitale tijdperk en tot de economie.
🗺 E 4/5, www.strozzina.org

Sinagoga e Museo Ebraico
zo.-do. 10-17.30 uur
€ 6,50 (geen korting)

● JA ● NEE

Bij de sloop van de middeleeuwse wijk van Florence moest ook het getto eraan geloven. Het museum in de Nieuwe Synagoge (1882) belicht de geschiedenis van de Joodse gemeenschap in Florence.
🗺 G 4, www.musei.it/toscana/firenze/museo-ebraico.asp

Museo del Ciclismo Gino Bartali
vr., za. 10-13, zo. 10-16 uur
€ 3,50 (geen korting)

● JA ● NEE

Hier draait alles om de racefiets en om Gino Bartali (1914-2000). In een zaal kom je alles te weten over de Italiaanse kampioen, in een andere zie je racefietsen van het eind van de 19e eeuw tot ongeveer de jaren 50.
🗺 kaart 4, www.ciclomuseo-bartali.it

Museo della Fondazione Roberto Capucci
di.-zo. 10-19 uur
€ 8, met korting € 6

● JA ● NEE

In de Villa Bardini zijn de creaties van de Italiaanse modeontwerper Roberto Capucci te bewonderen. De unieke 'sculpturen' van stof vertellen een verhaal over de huidige cultuur.
🗺 F 6, www.fondazionerobertocapucci.com

Museo Marino Marini
ma., wo.-za. 10-17 uur
€ 6 (geen korting)

● JA ● NEE

Marino Marini (1901-1980) is een van de belangrijkste moderne beeldhouwers van Italië. In de voormalige kerk San Pancrazio kun je bijna tweehonderd van zijn werken zien, vooral ruiterbeelden en portretten.
🗺 D/E 4, www.museomarinomarini.it

Museumlandschap van Florence

Bij musea in Florence denk je algauw aan de wereldberoemde Galleria degli Uffizi. In de 72 staats- en gemeentemusea van de stad volg je niet alleen het spoor van renaissancekunstenaars. Het aanbod loopt uiteen van kleding en dinosauriërs tot wielrennen. Bij een museumbezoek in Florence moet je vooral bij schilderijen rekenen op lange rijen en op wachten. Tijdig reserveren is daarom een aanrader – in het hoogseizoen betekent dat zo'n vier weken voor je bezoek.

INFORMATIE

Alle musea in vogelvlucht: bij het toeristenbureau APT is een lijst verkrijgbaar met alle musea en openingstijden. Online informatie vind je op www.firenzeturismo.it, www.firenzemusei.it en www.polomusealefirenze.it (alle in het Engels).

Tickets reserveren: de kaarten voor alle staatsmusea kunnen worden gereserveerd op tel. 055 29 48 83 of via de website www.firenzemusei.it en www.polomusealefirenze.it. De toeslag daarvoor is € 3 per persoon, voor het Uffizi en de Galleria dell'Accademia € 4. Informatie over de door de gemeente beheerde musea vind je op tel. 055 276 82 24 en op www.museicivicifiorentini.comune.fi.it en www.museifirenze.it.

Firenzecard: voor € 72 heb je 3 dagen (72 uur) lang gratis toegang tot alle 72 musea van de stad (inclusief voorrang in de rij voor het Uffizi en de Galleria dell'Accademia); ook zonder reservering. Online is de museumkaart te koop op www.firenzecard.it en ter plaatse in het toeristenbureau.

Gereduceerde toegang: in de staatsmusea krijgen EU-burgers van 18 tot 25 jaar en onderwijzers uit de EU korting. EU-burgers tot 18 jaar en niet-EU-burgers tot 12 jaar hebben gratis toegang. Op de eerste zondag van de maand is de toegang tot alle staatsmusea gratis. De gemeentemusea geven jonge mensen van 18 tot 25 jaar een korting.

Sluitingsdag: op maandag zijn de musea meestal gesloten, sommige sluiten ook op zondag hun deuren.

Florence is een paradijs voor fans van kleurrijke renaissancefresco's.

De kerken van Florence

De voormalige Romeinse kolonie Florentia beleefde zijn eerste bloeitijd aan het begin van het 2e millennium, nog voordat het een renaissancecentrum werd. In die tijd werden het baptisterium, het klooster San Miniato al Monte en de kerken Santi Apostoli en Santa Trinità gebouwd. Ze vormen met de andere godshuizen een stukje stadsgeschiedenis. De toegang is vaak gratis.

Kerk van de kinderbegraafplaats
Santi Apostoli E 5

Volgens een inscriptie op de gevel is deze kerk in 807 door Karel de Grote gebouwd. Deze legende is inmiddels achterhaald, men dateert het bouwjaar nu rond 1050. De bouwmeester is niet bekend. In de loop der eeuwen is de kerk verschillende keren overstroomd. De vroegchristelijke basiliek staat op het terrein van een kerkhof voor ongedoopt gestorven kinderen genaamd 'Limbo'. In de kerk is onder meer het sierlijke altaarstuk *De Onbevlekte Ontvangenis* (1541) van Giorgio Vasari te zien. Het tabernakel van prachtige majolica in de linkerzijbeuk is rond 1500 door Giovanni della Robbia gemaakt. In de eerste kapel staat nog een kolenbekken uit de 14e eeuw, waarmee op paaszondag het vuur voor de processie Scoppio del Carro naar de dom werd gebracht.
Piazza del Limbo, di.-vr. 16-19 uur

Reis langs kunststijlen
Santa Trinità E 5

In de Basilica di Santa Trinità zijn alle kunststijlen vertegenwoordigd; mede daarom behoort dit tot de belangrijkste kerkgebouwen van de stad. De basiliek werd in de 11e eeuw gebouwd door de vallombrosianen. In de 13e-14e eeuw kreeg hij zijn gotische vorm en in 1594 ontwierp Bernardo Buontalenti de barokgevel. Er zijn nog sporen van sierlijke schilderingen uit de 13e eeuw te zien. In de Sassetti-kapel zie je *De aanbidding der herders* (1483-1486) van Domenico Ghirlandaio en zijn fresco's over leven en werken van Franciscus van Assisi, zoals *Het tot leven wekken van de jongen*. Ook de frescocyclus van Lorenzo Monaco over het leven van Maria in de Bartolini-Salimbeni-kapel is zeker het bekijken waard.
Piazza Santa Trinità, ma.-za. 8-12, 16-18, zo. 8-10.45, 16-18 uur

De toren van de Santa Trinità steekt hoog uit boven de huizenzee.

Graf van Botticelli
Ognissanti D 4

De kerk werd in 1251 door de benedictijnen gesticht, maar in 1637 door Matteo Negetti geheel in barokstijl verbouwd. Alleen de campanile is in de originele staat bewaard gebleven. In de Ognissanti vind je enkele grote kunstwerken, onder andere het fresco *De heilige Augustinus* van Botticelli en *De heilige Hiëronymus* van Domenico Ghirlandaio (beide 1480). In de refter hangt Ghirlandaio's beroemde *Laatste Avondmaal* (1480). Andere pareltjes in de kerk zijn het graf van Botticelli en een gewaad van de heilige Franciscus.

De kerken van Florence

Op paaszondag wordt het vuur voor de ontbranding van de Scoppio del Carro in een feestelijke processie van de Santi Apostoli naar de Duomo gebracht.

Borgo Ognissanti 42, ma.-za. 9-12, 16-17.30, zo., feestdagen 16-17.30 uur (bezichtiging van het Laatste Avondmaal-fresco)

Het wonder van de wijn en het bloed
Sant'Ambrogio 🛏 G/H 4
De benedictijnen bouwden deze orde-kerk in 393 bij de Porta di San Pietro ter ere van het bezoek dat de Milanese aartsbisschop Ambrosius in dat jaar aan de stad bracht. De huidige kerk dateert uit de 13e eeuw. In 1716 kreeg hij een barokke vorm en ongeveer honderd jaar later werd hij in zijn vroegere staat teruggebracht. De Cappella del Miracolo is gebouwd ter ere van een wonder. In 1230 zou een druppel wijn in een kelk in een druppel bloed zijn veranderd.
Piazza Sant'Ambrogio 6, ma.-za. 7.30-12, 16.30-18, zo. 8-12 uur

Barok van vorm
Santa Felicità 🛏 E 6
De plattegrond van deze kleine kerk is diverse keren veranderd. Hij dateert uit de 4e eeuw, maar rond 1550 werden de romaanse fundamenten en de koepel gesloopt om ruimte te maken voor de Gang van Vasari. Nu ziet de kerk eruit als een bouwwerk uit de hoogbarok.

Deze aanpassing vond plaats tussen 1736 en 1739, en betrof ook de bij-gebouwen. Achter de voorhal vind je rechts de Cappella Capponi (circa 1420) van de hand van Brunelleschi. De kapel werd door Jacopo da Pontormo (eigenlijk heette hij Jacopo Carucci; 1494-1556) versierd. Zijn twee fresco's *De annunciatie* en *De kruisafname* behoren tot de eerste grote werken van het maniërisme.
Piazza Santa Felicità, ma.-za. 9.30-12.30, 15.30-17.30 uur

Prachtige schilderijen
Santa Maria Maddalena de' Pazzi 🛏 G 4
De kerk werd in 1257 gebouwd en van 1479 tot 1500 verbouwd door Giuli-ano da Sangallo. Er worden kostbare schilderijen uit de 17e en 18e eeuw be-waard. De kapel is een van de weinige voorbeelden van de Romeinse barok in Florence. Maar de grootste trekpleister van de kerk is het indrukwekkende fres-co *De Kruisiging* (1493-1496) van Peru-gino. Een van zijn beroemdste leerlingen was Rafaël, die van hem de omfloerste, zachte weergave van mensen en voor-werpen overnam.
Borgo Pinti 58, dag. 9-12, 17-19 uur

Palazzo's van patriciërs

Vanaf 1138 was Florence een stadsstaat. De meeste macht was in die tijd in handen van de geestelijken en de kooplieden, die net als de De' Medici's ook bankiers waren. In de middeleeuwen woonden deze patriciërs in hoge bakstenen torens, later in mooie palazzo's.

Terug in de tijd
Palazzo Davanzati 🏛 E 5
In het huis van de vooraanstaande familie Davizzi dwaal je door met fresco's versierde woon- en slaapkamers, zelfs een badkamer is hier te zien. Het palazzo uit de 14e eeuw, waarin diverse families hebben gewoond, is heel goed bewaard gebleven of gerestaureerd. In 1578 kwam het palazzo in bezit van de historicus en koopman Bernardo Davanzati. Begin 20e eeuw kocht de kunsthandelaar Elia Volpi het paleis en in 1951 liet hij het na aan de staat.
Via Porta Rossa 13, www.polomuseale.firenze. it/musei/info/?m=davanzati, dag. 8.15-13.50 uur, 1e, 3e en 5e ma. en 2e en 4e zo. van de maand gesloten, € 2

Huis van de Mona Lisa
Palazzo Gondi 🏛 F 5
Op de plaats waar dit mooie palazzo had de vader van Leonardo da Vinci ooit een notariskantoor. Hier zou de kunstenaar zijn 'Mona Lisa' geschilderd hebben. Jaren later liet de bankier Giuliano Gondi het compleet afbreken en gaf de architect Giuliano da Sangallo opdracht een nieuw woonhuis te bouwen (1491). Da Sangallo ontwierp een kenmerkend patriciërspalazzo van de vroege renaissance. De voorgevel is heel consistent uitgewerkt. Er is een optisch trucje in aangebracht: de tekening op de blokken in de gevel is met elke verdieping minder uitgesproken en daardoor lijken de drie even hoge etages van onderaf lager en lichter. De met arcaden verfraaide binnenplaats geeft de beste indruk van de sfeer in die tijd.
Piazza San Firenze, www.palazzogondi.it, bezichtiging op afspraak

Machtssymbool
Palazzo Strozzi 🏛 E 4/5
Dit paleis in het hart van het winkelgebied was het statussymbool van een van de voornaamste Florentijnse families, maar is ook het beste voorbeeld van de Florentijnse renaissancearchitectuur. Het stond model voor de bouw van andere paleizen, zoals het Palazzo Medici Riccardi. Het woon- en representatiegebouw van de Strozzi's werd ontworpen door Giuliano da Sangallo. Benedetto da Maiano begon in 1489 met de bouw en deze werd in 1504 voltooid door Cronaca. Het grove rusticawerk in de gevel en de fakkelhouders en lantaarns zijn heel karakteristiek. In het palazzo is tegenwoordig het centrum voor moderne kunst en cultuur ondergebracht, CCC Strozzina (▶ blz. 79).
Piazza degli Strozzi, www.palazzostrozzi.org

Leven in de barok
Palazzo Martelli 🏛 E 4
Het prachtig gedecoreerde palazzo bij de dom werd in 1627 gekocht door de vooraanstaande familie Martelli, waarvan de leden zich bezighielden als beschermheren of de kunst. Ook weelderig ingericht is het museum in het palazzo, dat niet alleen schilderijen en borstbeelden uit diverse eeuwen toont, maar bovendien meubels, decoratieve kunst, beeldjes en gebruiksvoorwerpen. Bijzonder oogstrelend is het atrium met trompe-l'oeil-schilderingen in de stijl van de antieke bouwkunst. Vrijwilligers geven rondleidingen in diverse talen.
Via Zannetti 8, www.polomuseale.firenze.it/ en/musei/?m=casamartelli, do. 13-19, 17, za. 9-14 uur, 1e, 3e en 5e zo. in de maand 9-14 uur, toegang gratis

Pauze, even rebooten

Ook voor bezoekers die gewoon willen relaxen of de geest willen laten waaien, biedt Florence verrassend veel groen met stille en gezellige hoekjes en fantastische uitzichten – en dat niet alleen in de beroemde, uitgestrekte tuin Giardino di Boboli.

Schaduwrijk bosje
Giardino Bardini 📖 F 6

In de Giardino Bardini ligt een Engels bosje, waar je op een warme zomerdag heerlijk onder de bomen kunt zitten. De grote tuin in hartje Florence was ooit eigendom van de antiquair en kunstverzamelaar Stefano Bardini (1854-1922). Hij zette er vele beelden uit zijn verzameling neer. Bezienswaardig is de lange baroktrap naar de **loggia Belvedere**, waar zich een mooi uitzicht over de stad ontvouwt. In de tuin groeit de Florentijnse iris, die al eeuwenlang in de *parfumerie* wordt verkocht. In het complex vind je twee bookshops, een koffiehuis en een restaurant. Een bezoekje waard is ook het aangrenzende **Museo Stefano Bardini** (▶ blz. 78).

Ingangen op de Via dei Bardi 1r en de Costa San Giorgio, bus: 23, C3, D, di.-zo. 10-19 uur, € 10 (combikaartje, ook geldig voor de Giardino di Boboli, Galleria del Costume, Museo degli Argenti en Museo delle Porcellane in het Palazzo Pitti)

Vrijetijdspark van de Florentijnen
Le Cascine 📖 A/B 2/3

In Le Cascine vindt iedereen de mogelijkheid om te ontspannen. Dit uit de kluiten gewassen park ligt ten westen van het centrum en strekt zich 3 km uit langs de Arno. *Cascina* betekent 'boerderij' in het Italiaans en de naam duidt op de oorspronkelijke functie van de groenvoorziening, waar de boeren van de De'Medicifamilie de akkers bewerkten en het vee lieten grazen.
Nu vermaken zich hier de Florentijnen, vooral in zonnige weekends. In het park vind je joggingpaden, een **zwembad** met cocktailbar (**Le Pavoniere**), een skate-, tennis- en paardenrenbaan en overal wifi. De Cascine-weekmarkt is de grootste van de stad; hij wordt gehouden op dinsdag van 7 tot 14 uur.

De Giardino delle Rose betovert niet alleen door zijn heerlijk ruikende rozen.

Pauze, even rebooten

Na zonsondergang is dit park echter het domein van prostituees en drugshandelaars.

De opening van het Parco della Musica e della Cultura met het nieuwe **Teatro dell'Opera di Firenze** heeft het terrein opgewaardeerd. Het moderne, langwerpige gebouwencomplex biedt ruimte aan een theater en een concertzaal en daarnaast aan een amfitheater in de openlucht. Hier vinden de meeste muziekuitvoeringen van de **Maggio Musicale Fiorentino** plaats.

Begin mei wordt in Le Cascine bovendien het **Festa del Grillo** gevierd, waarbij geliefden elkaar naar oud gebruik een *grillo* (krekel) schenken voor een serenade. Vroeger werden de krekels op de wei gevangen en in een kooitje gestopt. Tegenwoordig gaat het om een plastic krekel en is het feest uitgegroeid tot een jaarmarkt. Mei is ook de beste maand van het jaar voor een wandeling door het park. Dan staan de geurige lindebomen in bloei.

Op de **Piazzaletto dell'Indiano** staat een merkwaardig, oosters aandoend monument ter herinnering aan de Indiase maharadja van Kolepoor, die op 20-jarige leeftijd in Florence overleed.

Park: hoofdingang Piazzale Vittorio Veneto, http://parcodellecascine.comune.fi.it, toegang gratis; Opera: Via Vittorio Gui 1; bus C2, C3 tot halte Vittorio Veneto of tram T1 richting het industrieterrein van Scandicci tot halte Cascine-Carlo Monni

Panoramisch uitzicht
Forte di Belvedere   E 6/7

De naam Belvedere zegt het al: dit vestingcomplex biedt een prachtig panoramisch uitzicht over de stad en genoeg plaats voor een picknick – als tenminste niet een beeldententoonstelling alle plek inneemt. Bij zonsondergang komen hier veel verliefde stelletjes. De stervormige vesting werd tussen 1534 en 1537 gebouwd door Da Sangallo voor Giulio de'Medici, de latere paus Clemens VII, om het politieke overwicht van de De' Medici's in de stad te garanderen en als veilig toevluchtsoord, mocht er in de stad onrust uitbreken. In het midden staat een klein paleis, waar heel af en

toe een tentoonstelling wordt gehouden. De vesting is het best te voet – via de Costa San Giorgio – of per taxi te bereiken.

Via Forte di San Giorgio, http://museicivici fiorentini.comune.fi.en/fortebelvedere/, paleis uitsluitend geopend tijdens tentoonstellingen, park dag. geopend 9-20 uur

In de Giardino Bardini liet Stefano Bardini zijn beelden neerzetten.

Romantisch
Giardino delle Rose   G 6

Eén tuin hebben de Florentijnen in hun hart gesloten: de Giardino delle Rose nabij de kunstenaarswijk San Niccolò. Op de al in 1865 aangelegde perken bloeien vanaf mei ongeveer vierhonderd verschillende soorten rozen in betoverende kleuren en heerlijke geuren. Het oudste rozenras hier stamt uit de 15e eeuw. Bij de groenvoorziening hoort ook een Japanse zentuin, die in 1998 werd aangelegd door de Japanse architect Yasuo Kitayama namens de Florentijnse partnerstad Kyoto. In deze geurige, relaxte oase vind je bovendien citroen- en sinaasappelbomen. De Giardino delle Rose is gewoonweg de ideale plek om even te ontsnappen aan de drukte van de stad en het verkeer.

Viale Giuseppe Poggi 2, mei-juli 8-20 uur, toegang gratis

Overnachten

Het hoeft niet altijd een palazzo te zijn

'Wie slaapt, vangt geen vis', luidt het Italiaanse spreekwoord. Maar omdat je vis in Florence vooral in restaurants, en praktisch niet meer in de Arno vindt, maakt dat je waarschijnlijk weinig uit.

Lekker slapen in Florence en bovendien niet te veel betalen, dat was zo'n tien jaar geleden niet eenvoudig. Door de enorme opkomst van privéverhuur via sociale netwerken is daar verandering in gekomen. Veel hotels en pensions passen zich aan de tijdsgeest aan. In Florence zijn nu meer en betere overnachtingsgelegenheden voor redelijke prijzen. De trend gaat in de richting van hostels (jeugdherbergen): grootschalige hotels, vaak in historische gebouwen, waar je zowel een bed in een karig ingerichte achtpersoonskamer als in een comfortabele tweepersoonskamer kunt boeken. Veel accommodaties hebben een romantisch terras of zelfs een zwembad.

Eén ding is zeker: wie in Florence iets bijzonders zoekt, zal zeker slagen. Veel hotels zijn ondergebracht in oude palazzo's, zoals Monna Lisa. Daar kun je ontbijten in een lieflijke atriumtuin en in de collectie schilderijen de beroemde geschilderde dame in honderdvoud bewonderen.

Maar of je nou in een palazzo of in een hostel verblijft, ga altijd na of het ontbijt is inbegrepen in de prijs. En anders is een cappuccino met een *cornetto* (croissantje, al dan niet gevuld) in de dichtstbijzijnde bar ook een aanrader.

TIPS EN INFO

Vroeger was er maar weinig accommodatie in **Oltrarno**, de wijk 'over' de Arno. Daar is verandering in gekomen. Wie niet in het lawaaiige en dure centrum nabij de dom wil overnachten, heeft hier een flinke keus aan betrouwbare hotels (Silla), chique appartementen (Floroom1) en hostels met 's avonds muziek (Tasso).

Kamerbemiddeling … op internet:
www.firenzeturismo.it (klik door naar 'dove dormire' of 'where to stay')
… ter plaatse: infopoint voor toeristen: Piazza della Stazione 5, tel. 055 21 22 45, en Via Cavour 1r, tel. 055 29 08 32. Hier is de accommodatielijst 'Guida all'Ospitalità' verkrijgbaar.
Verhuurcentrale:
appartementen;
Via Orti Oricellari 10, tel. 055 28 75 30, www.mwzflorence.com (Engels)

De sleutel tot een lekkere nacht slapen.

Overnachten

Lekker slapen plus livemuziek
Ostello Tasso ⬛ C 6

Betaalbaar overnachten doe je in het Ostello Tasso, dat cool is ingericht met vintagedesign. In het aanbod zitten een- en meerpersoonskamers en een dakterras. 's Avonds worden er jazz-, soul- en congasessies gehouden. En, last but not least, het hostel ligt vlak bij de Piazza Tasso en daarom zit je hier midden in het Florentijnse leven. Reserveer tijdig, want Ostello Tasso is vaak volgeboekt.

Via Villani 15, tel. 055 06 02 087, www.ostello tassofirenze.it, vanaf € 27 incl. ontbijt p.p. per nacht

Veel extra faciliteiten voor weinig
Hostel Firenze Plus ⬛ F 2

In deze jeugdherberg zijn niet alleen slaapplaatsen beschikbaar (in tweepersoons- tot achtpersoonskamers), maar ook een zwembad, een sauna, een dakterras en een disco – en dat allemaal op loopafstand van de dom. Firenze Plus hoort bij een internationale keten en verhuurt ook tenten met bedden op camping Michelangelo.

Via Santa Caterina d'Alessandria 15, tel. 055 628 63 47, http://plushostels.com/it/plus florence, € 30-100 p.p. per nacht

Superservice
Hostel Archi Rossi ⬛ E 3

Dit hostel met karig ingerichte, maar ruime meerpersoons- en gerieflijke tweepersoonskamers ligt praktisch tussen het treinstation en het stadscentrum. Het personeel is supervriendelijk en attent. Voor de verkenningstocht door de stad kun je je tegoed doen aan het overvloedige en lekkere ontbijtbuffet. 's Avonds (behalve op za.) schaft de pot pizza, pasta en salade.

Via Faenza 94r, tel. 055 29 08 04, www.hostel archirossi.com, € 21-70 incl. ontbijt p.p. per nacht

Jeugdherberg in een renaissancevilla
Ostello Villa Camerata
⬛ ten NO van K 1

Ostello Villa Camerata is de officiële jeugdherberg van de gemeente Florence en ligt weliswaar iets buiten het stadscentrum, maar je verblijft hier in de met stucwerk versierde kamers van een renaissancevilla. Het door zuilen omringde terras en de prachtige tuin geven het hostel veel charme. Hier kun je met vrienden of familie uitgebreid vakantie vieren, ook op de bij de Villa Camerata horende camping. Gemakkelijk per bus te bereiken.

Viale Augusto Righi 4, tel. 055 60 14 51, www. ostellofirenze.it, bus 11, 17, € 16-27 incl. ontbijt p.p. per nacht

Basic, maar vlak bij de dom
Hotel Dalì ⬛ kaart 2, F 4

Hotel in een oud palazzo op twee minuten lopen van de dom. De kamers zijn eenvoudig, maar rustig, en de badkamers zijn klein, maar brandschoon. Daarvoor zorgt het sympathieke echtpaar Samanta en Marco.

Via dell'Oriuolo 17, tel. 055 234 07 06, www. hoteldali.com, 2 pk € 60-120 incl. ontbijt

Zonneterras
Il Bargellino ⬛ E 3

Het hotel Il Bargellino ligt op tien minuten lopen van het treinstation van Florence. Niet alle tien kamers hebben een eigen badkamer. Wel is er een groot zonneterras, waar de papegaai Ettore soms in de zon zit, de hotelmascotte en het huisdier van de eigenaars Carmel en Pino.

Via Guelfa 87, tel. 055 238 26 58, www.il bargellino.com, 2 pk € 80-100 zonder ontbijt

Geweldige faciliteiten
Tourist House Ghiberti ⬛ kaart 2, F 4

Smaakvol ingericht pension in de buurt van de dom. De brandschone badkamers zijn versierd met mozaïeken van een Toscaanse kunstenares. Na een lange dag in de stad kun je relaxen in de sauna en in het massagebad. Elke kamer beschikt over een computer met internet. Het ontbijtbuffet in Europese stijl biedt onder meer lekkere zelfgebakken taart. De vriendelijke eigenaars, een echtpaar, omringen de gasten van 's ochtends tot 's avonds laat met hun

Overnachten

goede zorgen en maken het verblijf hier fijn.

Via M. Bufalini 1, tel. 055 24 48 58, www.touristhouseghiberti.com, 2 pk € 100-170

In de wijk van Pinocchio
Hotel Collodi  E/F 3

Dit huiselijke onderkomen ligt in San Lorenzo, op een steenworp afstand van het geboortehuis van de schrijver Carlo Collodi, de geestelijk vader van Pinocchio. Er zijn twaalf grote kamers, voorzien van antieke meubeltjes en moderne badkamers. Supervriendelijk personeel!

Via Taddea 6, tel. 055 29 13 17, www.relais hotel.com en http://florence-hotelcollodi.com, 2 pk € 80-120 incl. ontbijt

Lekker op de bank hangen na een dag in Florence
B&B Cimatori kaart 2, F 5

Supercentraal, tussen het treinstation en de Piazza della Signoria gelegen bed and breakfast. Licht ingerichte kamers, sympathieke sfeer. Op elk moment kun je zelf koffie zetten en op de bank hangen als je voeten niet meer willen.

Via Dante Alighieri 14, tel. 055 265 50 00, www.cimatori.it, 2 pk vanaf € 120

Villa Kakelbont
Wow Florence Hostel G 2

Echte zuinigerds kunnen overnachten in meerpersoonskamers met vier, zes of acht slaapplaatsen. Wie houdt van knus, boekt een een- of tweepersoonskamer. In elk geval zit je hier in San Lorenzo op nog geen twintig minuten lopen van de dom. De vloeren en kamers zijn kakelbont geverfd, en het meubilair is al even kleurrijk. Vriendelijke service.

Via Venezia 18b, 4e verdieping, tel. 055 062 09 73, www.wowflorence.com, 2 pk € 90, 4 pk € 100

Met schilderijen
Hotel Azzi Locanda degli Artisti E 3

Dit hotel ligt centraal in de voetgangerszone bij het treinstation. Antieke meubels zorgen voor een gezellige ambiance. In de entreehal hangen schilderijen van Florentijnse kunstenaars. Lichte kamers en een overvloedig ontbijt, dat je kunt gebruiken op het charmante terras.

Via Faenza 56/88r, tel. 055 21 38 06, www.azzi-locanda-degli-artisti.florence hotelitaly.net, 2 pk € 50-100 incl. ontbijt

Het beroemde schilderij van de glimlachende dame gaf hotel Monna Lisa zijn naam.

Overnachten

Relaxen in de tuin
Hotel David 🛏 ten NO van H 8
David, vlak bij de Piazzale Michelangelo, is populair en moet tijdig worden geboekt. De kamers zijn rustig, ruim en ingericht met antiek. Het hotel biedt heel goede service, wifi, gratis parkeerplaatsen en een tuinoase. Ideaal voor mensen die tijdens een citytrip ook ontspanning zoeken.
Viale Michelangelo 1, tel. 055 681 16 95, www.hoteldavid.com, bus 12, 13, 2 pk € 90-150

Luxe B&B
Floroom 1 🛏 kaart 2, E 5
Floroom 2 🛏 kaart 2, E 4
Een design-bed-and-breakfast: alle appartementen zijn zwart-wit ingericht en hebben kookgelegenheid. Floroom 1 ligt in Oltrarno, bij de Piazza della Passera met zijn uitgaansleven. Floroom 2 ligt tussen de Piazza Strozzi en de Santa Maria Novella. Bij het ontbijt krijg je vers fruit van de markt.
Floroom 1: Via del Pavone 7, tel. 055 230 24 62; Floroom 2: Via del Sole 2, tel. 055 21 66 74; www.floroom.com, 2 pk € 95-145

Gezinsvriendelijk
Hotel Silla 🛏 F 6
Bij gezinnen geliefd hotel in een palazzo uit de renaissance in de oude ambachtsliedenwijk Oltrarno. Veel kamers kijken uit op de rivier. Het hotel biedt veel comfort en een geweldige service. De kamers zijn goed onderhouden en beschikken over wifi. Van mei tot oktober wordt het ontbijt op het terras geserveerd. Een pluspunt voor jonge ouders is de babysitservice.
Via de' Renai 5, tel. 055 234 28 88, www.hotel silla.it, 2 pk € 80-160 incl. ontbijtbuffet

Ontbijten in het atrium
Monna Lisa 🛏 kaart 2, G 4
Een van de stijlvolste hotels in het centrum van Florence, ondergebracht in het fraaie Palazzo Marzichi Lenzi. De kamers zijn ingericht met antiek meubilair en zijn comfortabel. Bij mooi weer wordt het ontbijt geserveerd op de van groen voorziene binnenplaats. De schilderijen-

Voor het Gallery Art Hotel staat een enorme lepelsculptuur.

verzameling op de begane grond bevat min of meer ironische varianten op de beroemde *Mona Lisa* van Leonardo da Vinci.
Borgo Pinti 24, tel. 055 247 97 51, www.mon nalisa.it, 2 pk € 110-200 incl. ontbijtbuffet

Moderne kunst
Gallery Art Hotel 🛏 kaart 2, E 5
Gallery Art Hotel is een nieuw en stijlvol onderkomen in het hart van Florence. In de ruime kamers vind je smaakvol modern design. De kok van het bijbehorende restaurant is een aanhanger van de fusionkeuken. Top ontbijtbuffet! In de gemeenschappelijke ruimtes worden vaak kunstexposities georganiseerd. De met gekleurde plastic lepels versierde gevel is zelf een kunstwerkje. Het Gallery Art Hotel is niet bepaald goedkoop, maar uitkijken naar aanbiedingen op internet loont de moeite.
Vicolo dell'Oro 5, tel. 055 27 26 3, www. gallery-art.florencehotelitaly.net, 2 pk € 150-400

Eten en drinken

OM ZELF TE ONTDEKKEN

Tot de beste 'eethoekjes' in Florence hoort de buurt rond de **Mercato Centrale** in San Lorenzo. Hier kun je in de trattoria's de stevige Toscaanse gerechten proeven of op de piazza voor de markthal pizza en salade eten. Ook op de **Piazza Santo Spirito** daaromheen is het niet gemakkelijk om een eetgelegenheid te kiezen. Hier komen veel jonge mensen en viert de *aperitivo*-cultuur hoogtij.

Let op het **coperto** (couvert), dat automatisch bij de rekening wordt opgeteld: hieronder vallen een schoon tafellaken, de servetten en een vol mandje brood. De ober krijgt meestal een **fooi** van circa 5-10% van de rekening.

Streekgerechten of hamburgers

Zoals in alle toeristische steden zit op elke straathoek wel een hamburger- of dönertent. Maar het gemeentebestuur is de strijd aangegaan met de fastfoodketens: de hier bereide gerechten mogen niet te vet zijn en de menukaart moet minstens één Florentijnse specialiteit bevatten.

Maar dat gezond eten een trend is, wisten de jonge Florentijnse koks eerder dan hun burgemeester. Nieuwe, meestal in chic vintagedesign ingerichte etablissementen bieden hamburgers van linzen of inktvis, vegetarische risotto en natuurlijk Toscaanse maaltijdsoepen als *ribollita* en *pappa al pomodoro*. De klassieke *fiorentina*, een reusachtige biefstuk van het Chianinarund, heeft tegenwoordig flink te lijden van de veganistische concurrentie.

De *osterie*, ooit eenvoudige eethuisjes, serveren gerechten van de traditionele keuken in alle prijsklassen, soms in moderne variaties, soms met biologisch geteelde ingrediënten. Bars, bistro's en inmiddels ook sommige restaurants bieden aan het begin van de avond een drankje met onbeperkte keuze van het buffet. Ook veel wijnbars geven bij een goed glas wijn meer dan een plakje salami of kaas. En als je jezelf in een fijn restaurant wilt trakteren op een typisch Florentijnse maaltijd met pasta *e ceci* (met kikkererwten), *peposo* (gepeperde rundergoulash) en zoete *cantucci* (amandelkoekjes) heb je maar één probleem: kiezen!

Kleine, lekkere hapjes bij een Florentijns aperitief

Eten en drinken

ZO BEGINT EEN GOEDE DAG IN FLORENCE

Modern en met middeleeuwse fresco's

Caffè Amerini 🏛 kaart 2, D 5

Caffè Amerini ligt midden in het winkelgebied en is een ideale plek om te ontbijten terwijl over het etalages kijken. Op het plafond van Amerini vallen middeleeuwse fresco's te bewonderen, maar verder is het heel modern ingericht. Je vindt hier taartjes en zoet gebak, maar ook altijd verse *tramezzini* (sandwiches van witbrood met verschillend beleg). Wijs in de vitrine aan wat je wilt hebben en dan wordt alles naar je tafeltje gebracht – voor een klein bedrag extra.
Via della Vigna Nuova 61-63r, tel. 055 28 49 41, ma.-za. 8-20 uur

Voor lekkerbekken

I Dolci di Patrizio Cosi
🏛 kaart 2, F 4

In deze bij de Florentijnen populaire lunchroom heb ik de lekkerste *millefoglie* (flinterdunne laagjes bladerdeeg met room) ooit gegeten. Ook de minitaartjes en *crostate* (zandgebak) zijn er heerlijk. Bij het ontbijt kun je geroosterd brood en *panini* bestellen. De bediening laat te wensen over, maar dat ben je met al die heerlijkheden snel vergeten.
Borgo degli Albizi 15r, tel. 055 248 03 67, www.pasticceriacosi.com, ma.-vr. 7-20, za. 7-14 uur

Zwart goud

Cioccolateria Pasticceria Moltobene 🏛 kaart 2, F 4

Banketbakkerij en chocolaterie Moltobene is het absolute walhalla voor chocoladefans. Warme chocolade wordt hier bijna zwart en heet geserveerd en met een lekkernij erbij om te dopen. Proef beslist ook eens de taartjes, die natuurlijk allemaal het 'zwarte goud' bevatten. Moltobene ligt verstopt te midden van de toeristische drukte bij het domplein Piazza del Duomo.
Piazza Santa Elisabetta 2r, tel. 055 21 71 36, dag. 7-22 uur

DUURZAAM ETEN

Ook voor veganisten

Il Vegetariano 🏛 F 2

Dit restaurant, dat al dertig jaar bestaat, biedt op zijn menukaart vegetarische en veganistische gerechten uit de Toscaanse, Italiaanse en internationale keuken. De salades – met een ruime keuze aan rauwkost en gekookte groenten – kun je zelf samenstellen. De open huiswijn komt uit de biologisch-dynamische landbouw, maar ook de flessen zijn biologisch. Daarnaast heb je een grote keus aan bier, vruchtensappen en thee.
Via delle Ruote 30r, tel. 055 47 50 30, www.il-vegetariano.it, di.-vr. 12.30-14.30, 19.30-22.30, za., zo. 19.30-22.30 uur, hoofdgerecht € 20

Bio & allerlei

La Raccolta 🏛 H 4

Hier bestaat zelfs het ontbijt uit biologische yoghurt, versgeperste vruchtensappen en sojamelk (in de cafetaria vanaf 8.30 uur). Tijdens de lunch is er een grote keus aan dagschotels, meestal zonder vlees: pasta, graan, tofoe, linzen, kikkererwten, salades en maaltijdsoepen. In La Raccolta worden ook levensmiddelen, cosmetica en tijdschriften verkocht.
Via Giacomo Leopardi 2r, tel. 055 247 90 68, www.laraccolta.it, ma.-za. 12.30-15 uur, hoofdgerecht € 12-15

Koosjer

Ruth's 🏛 G 4

Niet alleen voor vegetariërs, maar ook voor iedereen die eens iets anders wil dan de Italiaanse keuken, is dit koosjere restaurant een goed adres. Tot de – door de Arabische keuken beïnvloede – gerechten behoren vissoep en couscous met vis en groenten, pasta en een groot aantal salades. Het restaurant maakt deel uit van het synagogecomplex, op een steenworp afstand van de wijk Santa Croce. Breng eventueel meteen ook een bezoek aan de synagoge, die met zijn imposante groene koepel overal boven uitsteekt.

Eten en drinken

Via Farini 2a/r, tel. 055 248 08 88, www.
kosheruth.com, dag. 20-22.30 uur, menu
€ 15-25

Eenvoudig & supervers
Osteria dell'Ortolano 🔵 F 3
De sympathieke gastvrouw en gastheer
Marta Mezzetti en Massimo Zetti hebben hun kleine delicatessenzaak omge-
toverd in een restaurant waar dagelijks
supervers bereide gerechten worden
aangeboden: bladerdeeg met groente,
kikkererwtenpuree met gierst, parelhoen
en Toscaanse biefstuk *(tagliata)*.
Via degli Alfani 91r, ma., di. 10-15, wo.-vr.
10-15, 17-22, za. 11-15, 18-22 uur, antipasti
€ 8, pasta € 9, hoofdgerecht € 14

Biologische bistro
Miso di Riso 🔵 kaart 2, G 4
In deze kleurrijk ingerichte bistro staan
pompoenen en andere groenten ter
decoratie op tafel, de planten in de
schappen kun je ook kopen. De kok van
Miso di Riso biedt vegetarische, veganistische en macrobiotische gerechten.
Op de kaart staan zaken als misosoep,
gazpacho, vegaburgers met tofoe of
seitan, gojibessen- en chiazaadsalade,
quinoataart en kaasplankjes. Het brood
is natuurlijk gebakken van volkorenmeel
en de wijn is van biologisch geteelde
druiven. Bovendien kun je hier kiezen
uit een groot assortiment thee-
soorten.
Borgo degli Albizi 54r, tel. 055 26 54 094,
www.misodiriso.it, wo.-vr. 12-23, za.-zo. 10-23
uur, gerechten tussen € 7 en € 18

Eten zoals vroeger
Ristoro dei Perditempo
🔵 kaart 2, E 5
Deze kleine eetgelegenheid ziet eruit als
een Toscaans woonhuis uit de jaren 50.
Op het menu staan alleen streekgerech-
ten: *ribollita* (groentesoep), *pappa al
pomodoro*, Toscaanse worst en pecorino
(schapenkaas). De wijn, die eigenaar
Luca Biagi uitsluitend inkoopt bij pro-
ducenten in de omgeving van Florence,
wordt uit enorme flessen direct in de
karaf geschonken. Je kunt hier ook gaan
'aperitieven' met hapjes van het buffet
erbij en genieten van het uitzicht op de
Ponte Vecchio.
Borgo San Jacopo 48r, tel. 055 264 55 69,
dag. 11.30-22.30 uur, hoofdgerecht € 10-20
met drankje

Bij de Libreria Brac kun je lekker lezen en vegetarisch eten.

Eten en drinken

Cultuur & eten
Libreria Brac 🚰 kaart 2, F 5
Deze sympathieke boekhandel biedt
een cultureel programma en een klein
restaurant met vegetarische gerechten
waar alleen biologisch geteelde ingrediënten worden gebruikt. Je kunt de
gerechten zelf samenstellen. Op zondag
is er een brunchbuffet.
Via dei Vagellai 18r, tel. 055 09 44 877,
www.libreriabrac.net, dag. 12-24 uur,
hoofdgerecht € 12

Nul kilometer
The Bench 🚰 F 3/4
In The Bench, een eethuisje met een
lange houten bar, komt alles uit Florence en omgeving: brood, groenten,
salami, kaas, wijn en natuurlijk ook de
zelfgebakken ontbijtcroissants. Plastic
vind je er niet, hoogstens papieren
verpakkingen. De gerechten en belegde
panini wisselen per seizoen. Eigenaar
Adriano Bernardini is een echte fan
van duurzame gastronomie. Zijn tentje
is in trek bij jonge Florentijnen en zit
altijd vol. Je kunt ook aan een tafeltje
op straat zitten, als je ten minste geluk
hebt en er een kunt bemachtigen. Voor
deze centrale locatie zijn de prijzen uitgesproken democratisch.
Via dei Servi 91r, tel. 055 26 57 504, dag. 8-22
uur, lunch € 6-10

Glutenvrije, gezonde gerechten op zijn Italiaans
Quinoa 🚰 kaart 2, E 4
Quinoa is het eerste glutenvrije restaurant van Florence. Dit modern ingerichte
eethuis ligt aan een rustige binnenplaats, waar je ook buiten kunt zitten
om te eten. De menukaart biedt zaken
als hummus, couscous met bloemkool,
gevulde aardappels, uit Thaise rijst
bereide tagliatelle, gefrituurde zeevruch-
ten, salades en allerlei soorten hamburgers. Alles wordt dagelijks vers bereid
en alles wat ik in restaurant Quinoa al
heb geproefd, smaakte verrukkelijk.
Vicolo di S. Maria Maggiore 1, tel. 055 29 08
76, www.ristorantequinoa.it, ma.-za. 12.30-15,
do.-za. 12.30-15, 19.30-23 uur, zo. brunch
12-15 uur, hoofdgerecht € 12-16

ETEN BIJ DE LOCALS

Als je eens bij de Florentijnen thuis
wilt eten, kun je jezelf uitnodigen
bij de kookclub Cesarine op de
website **www.homefood.it/en**.
Kies een stad, een datum en een
menu. Het systeem werkt voor alle
Italiaanse steden. Een maaltijd kost
circa € 50 per persoon.

KLASSIEKERS EN HIPPE ZAKEN

Beroemd ijs
Bar Vivoli Gelateria 🚰 kaart 2, F 5
De Florentijnen staan van oudsher
bekend om hun lekkere ijs. Vivoli in
de wijk Santa Croce geniet inmiddels
wereldwijd faam. Het is de beroemdste
gelateria (ijssalon) van de stad. Het
aantal soorten ijs is enorm en elk jaar
komen er meer smaken bij. Hier moet je
een keer geweest zijn als je in Florence
op vakantie bent.
Via Isola delle Stinche 7r, tel. 055 29 23 34,
www.vivoli.it, apr.-okt. di.-za. 7.30-24,
zo. 9-24 uur

De echte fiorentina
I Brindellone 🚰 C 5
Van de *fiorentina*-steak in Brindellone
worden zelfs de Florentijnen enthousiast.
Deze kleine trattoria in de wijk San Frediano is nog een van de echte Florentijnse
eethuisjes. Aan de muur hangen foto's
van voetbalclub ACF Fiorentina en bij
thuiswedstrijden staat de televisie aan.
Behalve biefstuk staan ook de typische
witte bonen *all'uccellotto, coccoli* (gefrituurde deegballetjes), pens en gebakken
artisjokken op het menu. De sfeer is die
van een echt buurtcafé.
Piazza Piattellina 10, tel. 055 21 78 79, di.-zo.
12.30-15, 19.30-23 uur, menu € 25

Oude recepten
Il Guscio 🚰 C 5
Niet ver van I Brindellone vind je dit
door een familie gerunde eethuis, waar
de gasten in knus ingerichte ruimtes

Eten en drinken

In Guscio zijn de drankjes en etenswaren typisch Toscaans.

zitten. De keuken is Florentijns met traditionele, vaak in vergetelheid geraakte recepten uit de boerenkeuken, die aan de moderne smaak zijn aangepast. Alles is zelfgemaakt, van de pasta tot het dessert. De wijnkaart biedt keus uit vierhonderd soorten wijn.
Via dell'Orto 49, tel. 055 22 44 21, www.il-guscio.it, ma.-za. 12-14, 19.30-23.30 uur, menu 's middags € 15, 's avonds € 35

Echte Napolitaanse pizza's
Pizzaiuolo 🍷 G 5
Midden in Florence krijg je echte Napolitaanse pizza met buffelmozzarella, die natuurlijk in een houtoven wordt gebakken. Ook de andere gerechten zijn typisch Zuid-Italiaans: pasta met groenten, gegrilde aubergines en vis. En tot besluit mag de limoncello, de beroemde citroenlikeur uit de kustplaats Amalfi, niet ontbreken.
Via de' Macci 113r, tel. 055 24 11 71, www.ilpizzaiuolo.com, ma.-za. 12-15, 19.30-0.30 uur, pizza € 5,50-9, hoofdgerecht ca. € 10

Chianti enzo
Il Cantinone del Gallo Nero
🍷 kaart 2, D 5
De *gallo nero* (zwarte haan) is nog

steeds het symbool voor de echte chiantiwijn. Die vind je dan ook in Il Cantinone, net als de echte Toscaanse keuken. De kok Michele bereidt in dit vriendelijke restaurant *fettunta* (geroosterd brood met olijfolie), *pasta e ceci*, met groenten gevulde crêpes en, voor de liefhebbers, pens. Het restaurant heeft zijn oude charme weliswaar enigszins verloren, maar het behoort nog altijd tot de culinaire instituten van Florence.
Via Santo Spirito 6r, tel. 055 21 88 98, di.-zo. 12-15, 19-22.30 uur, menu € 30

Grote porties
Il Latini 🍷 kaart 2, D 4
In de rustieke trattoria Il Latini hangen de hammen aan het plafond en zijn de porties vaak groter dan bij andere restaurants in de stad. Vroeger zaten de Florentijnen met hun vrienden aan lange tafels in deze voormalige paardenstal, nu komen hier vooral toeristen – en is het er vaak stampvol. Niettemin biedt de kok hier nog steeds eten van goede kwaliteit voor een relatief voordelige prijs.
Via Palchetti 6r, tel. 055 21 09 16, www.illatini.com, di.-zo. 12.30-14.30, 19.30-22.30 uur, menu € 30-35

Eten en drinken

Typisch Toscaans
Osteria Pepò ⓦ E 3
Deze smaakvol ingerichte eetgelegenheid biedt in alle prijsklassen een welvoorziene wijnkaart. Signora Anna Cenni, de eigenares van Osteria Pepò, helpt je graag bij het kiezen. Op de kaart staan alleen gerechten uit Florence en de omringende provincie. De specialiteit van het huis is de beroemde *peposo alla fornace* (runderspier in brood- en pepersaus).
Via Rosina 4/6r, tel. 055 28 32 59, www.pepo. it, dag. 12-14.30, 19-22.30 uur, voor- en hoofdgerecht € 18-26

Bijzonder populair
Osteria del Caffè Italiano
ⓦ kaart 2, F 5
In deze osteria kun je zowel als sundowner een glas wijn drinken en snel een pizza eten als in het restaurant uitgebreid de Toscaanse keuken proeven. Het etablissement biedt drie verschillende ambiances en prijsklassen en is momenteel een van de populairste eetgelegenheden van de stad – vooral in de late uurtjes.
Via dell'Isola delle Stinche 11-13r, tel. 055 28 93 68, www.caffeitaliano.it, 19.30 uur tot laat in de nacht, pizzeria alleen 's avonds geopend, menu ca. € 40, lunchmenu € 8-12, pizza ca. € 12

Ongedwongen wijnbar
La Mescita Fiaschetteria ⓦ F 3
Zoals in elk zichzelf respecterend wijnlokaal is de wijn per glas met *panini* en warme gerechtjes voor een bescheiden prijs te krijgen. 's Middags zitten er dan ook veel studenten. De dagschotel is echter ook een aanrader voor hongerige toeristen. Je zit hier op krukjes en banken en de sfeer is relaxed.
Via degli Alfani 70r, tel. 055 239 64 00, ma.-za. 11-16 uur, maaltijd met wijn ca. € 10

Trefpunt van jongeren
Trattoria Zà-Zà ⓦ E 3
In de hippe trattoria bij de markthal kun je je honger 's middags stillen met een bord pasta. 's Avonds spreken hier veel jonge Florentijnen met elkaar af. Ondanks de grote drukte zijn de obers goedgemutst en zijn de prijzen niet te hoog. Superlekker: de warme voorgerechtjes. Als je op een zwoele zomeravond een van de bonte houten stoelen te pakken hebt, blijf dan zitten waar je zit. Want de actie op de Piazza del Mercato Centrale wil in Florence geen nachtvlinder missen.
Piazza del Mercato Centrale 26r, tel. 055 21 54 11, www.trattoriazaza.it, dag. 11-23 uur, menu € 20-30

Dolce vita
Oliviero ⓦ kaart 2, E 5
In dit bekende en nogal dure restaurant worden niet alleen gerechten uit Toscane, maar ook uit andere delen van Italië geserveerd. In de jaren 60, de tijd van de film *La dolce vita*, telde Oliviero regisseur Federico Fellini en de acteurs Marcello Mastroianni, Sophia Loren en Liza Minelli onder zijn gasten. Net als toen komen er nog altijd versgebakken brood en ambachtelijke pasta's en desserts op tafel.
Via delle Terme 51r, tel. 055 28 76 43, www. ristorante-oliviero.it, ma.-za. 19.30-24 uur, menu € 50

Reis rond de Middellandse Zee
Finisterrae ⓦ kaart 2, G 5
Dit restaurant ligt pal aan de Piazza di Santa Croce. Je kunt er buiten zitten of

O
OVERIGENS

Terwijl de inwoners van Noord-Italië verzot zijn op risotto en die van Zuid-Italië op pasta, zijn de Toscanen – en vanzelfsprekend ook de Florentijnen – dol op maaltijdsoep. Een echt Florentijnse soep is de *ribollita*, die zijn naam dankt aan het feit dat hij opgewarmd nog lekkerder is, en de *pappa al pomodoro*, een tomatensoep. Beide gerechten zijn handig voor het verwerken van kliekjes, want behalve groente wordt er ook oud brood in gedaan.

Eten en drinken

binnen de mediterrane sfeer proeven. Elke smaakvol ingerichte ruimte staat in het teken van een stad aan de Middellandse Zee en zijn keuken. De culinaire reis gaat van Napels tot Tanger. Op de kaart staan authentieke vis- en vleesgerechten, maar ook antipasti en pizza's. Er is een ruime keus in wijn en bier. 's Avonds kun je aan de bar zitten.

Via dei Pepi 6, www.finisterraefirenze.com, dag. 11-23 uur, voor- en hoofdgerecht € 20-25

Kosmopolitisch
Rose's 🐧 kaart 2, E 5
Het met donker hout en witte stoelen ingerichte restaurant is ideaal voor iedereen die even geen zin heeft in een rustieke sfeer en de Toscaanse keuken. Op de kaart staan Italiaanse gerechten, maar ook sushi, *tramezzini* en fantasievol samengestelde salades. Veel Florentijnen komen hier lunchen.

Via del Parione 26r, tel. 055 28 70 90, www.roses.it, ma.-za. 12-1.30, zo. 19.30-24 uur, lunch ca. € 12, menu € 35-40

Spartelvers uit zee
Il Povero Pesce 🐧 buiten K 3
Dit is een insidertip over visfans vlak bij het treinstation Campo di Marte. De vis wordt hier dagelijks vers geleverd en heerlijk bereid. Op de kaart staan goedkope vissoorten uit de eenvoudige keuken, zoals sardines en makreel, die naar traditioneel recept worden verwerkt (vandaar de naam: 'De armoedige vis'). Binnen zit je onder de visnetten, buiten op een terras als aan zee.

Via Pietro Fortunato Calvi 8r, tel. 055 67 12 18, dag. 12-23 uur, menu € 35

OVERIGENS

Een echte trend is de *aperitivo*. Deze eetlustopwekker, waarbij van oudsher een paar olijven en crackers werden gegeven, is uitgegroeid tot een complete maaltijd en wordt daarom nu *apericena* genoemd.

Aan de rivier
Bistrot del Mare 🐧 kaart 2, E 5
Het etablissement aan de Arno is onder de Florentijnen een van de populairste visrestaurants voor bijzondere gelegenheden. Op de kaart staan tonijntartaar, stokviskroketten, met de inkt van inktvis gekleurde pasta, garnalenrisotto en allerlei soorten gegrilde vis. De wijnen zijn exclusief maar betaalbaar. Gasten zitten in een smaakvol ingerichte ruimte op de eerste verdieping van een middeleeuws palazzo. Een groot pluspunt: de tafels staan niet, zoals in veel andere restaurants, te dicht op elkaar.

Via Lungarno Corsini 4r, tel. 055 23 99 224, www.bistrotdelmare.it, di.-zo. 12.30-14.30, 19.30-22.30 uur, menu € 50

Rustiek chic
Amblé 🐧 kaart 2, E 5
Bij Amblé is het aanbod vegetarisch en zit je op bistrostoelen of krukjes uit de jaren 50 – in de winter binnen tussen appel- en perenkistjes en in de zomer buiten op de kleine, verstopt gelegen piazza. Alles in Amblé kan worden gekocht. De ingrediënten zijn biologisch en de specialiteit van het huis zijn de vers gemaakte *tramezzini*. Ideaal om buiten te zitten en leuke mensen te leren kennen.

Chiasso dei del Bene, tel. 055 28 85 28, di.-za. 10-23, zo. 12-13 uur

EXPERIMENTEEL EN ONGEWOON

Start-up
Koto Ramen 🐧 kaart 2, G 5
De Koto Ramen-bar is een gezamenlijk project van een aantal jonge, bereisde mensen uit Amerika, Japan en Italië. In dit eethuis bij de Piazza Santa Croce creëert chef-kok Shoji Minamihara variaties op de beroemde Japanse noedelsoep *ramen*. Hij combineert de Japanse kookstijl met Toscaanse ingrediënten die hij inslaat op de nabijgelegen markt van Sant'Ambrogio. Maar op de kaart staan ook andere gerechten. Erbij wordt bruisende sake geserveerd. Het eten is

Eten en drinken

VAN KOFFIE TOT COCKTAIL

De buurt rond de **Piazza di Sant' Ambrogio** (□ G/H 4) is een van de authentiekste wijken van de stad. Hier koop je 's ochtends op de dagelijks aan de Piazza Ghiberti gehouden **markt** vers fruit, kaas of kleding en burger je daarna in in het gezellige **Caffè Cibrèo** (● G 5, Via del Verrocchio 5r) in de Cibreoscene. De cappuccino en de chocoladetaart met sinaasappelsaus zijn de kleine zonde waard. Het is immers vakantie! 's Avonds komen de Florentijnen aanscheuren op hun scooters om de cocktailbars te bestormen. In het **Caffè Sant'Ambrogio** (● G 4, Piazza di Sant'Ambrogio 7r, dag. 10.30-3 uur) krijg je waarschijnlijk de beste aperol spritz van de stad.

geweldig en dit soort restaurants van goede kwaliteit en zonder overdreven prijzen geven de culinaire scene een nieuwe impuls.
Via Verdi 42r, tel. 055 24 79 47, www.koto ramen.it, dag. 19-24 uur, menu € 15-25

Trendy
La Ménagère ● F 3
Vlak bij de Basilica San Lorenzo ligt mijn lievelingsrestaurant en het eerste conceptlokaal van Florence. In de reusachtige ruimtes, die zijn ingericht met chic vintagedesign, kun je niet alleen hamburgers met inktvis en currylinzen eten, maar ook keukenbenodigdheden kopen. De naam van dit etablissement, dat zich uit het Frans laat vertalen als 'huisvrouw', borduurt voort op het feit dat hier honderd jaar geleden de eerste huishoudelijke zaak al de stad zijn deuren opende. 's Avonds om 21 uur treden in de kelder livebands op: geniet hier van jazz, swing, funk of Italiaanse singer-songwriters. De sfeer is relaxed en sympathiek.
Via de Ginori 8r, tel. 055 075 06 00, www.lamenagere.it, dag. 7-2 uur, menu € 38-42

Überhip
Cibrèo Ristorante ● G 5
Cibrèo is een van de vernieuwendste restaurants van de stad. Elke Florentijn kent de eigenaar en chef-kok Fabio Picchi, die als filosofie heeft dat je bent wat je eet. Picchi serveert voortdurend nieuwe en originele interpretaties van de traditionele Toscaanse armeluiskeuken, zoals maaltijdsoep, broodsoep, polenta, kippen- en andere ragout – maar niet voor armzalige prijzen.
In de aangrenzende, rustieke trattoria **Il Cibrèino** is het aanbod geschikt voor de kleinere portemonnee. Bij de Cibrèoscene hoort ook het aan dezelfde straat gelegen **Teatro del Sale**. Natuurlijk kun je hier iets eten, maar de hoofdattractie in het theater zijn de one-womanshow van Picchi's vrouw, de toneelspeelster Maria Cassi, en andere voorstellingen.
Ristorante: Via del Verrocchio 8r, trattoria: Via dei Macci 122r, theater: Via dei Macci 118, tel. 055 234 11 00, www.edizioniteatrodel salecibreofirenze.it, sept.-juli di.-za. 13-14.30, 19-23 uur, menu € 80 in het restaurant, € 30 in de trattoria

Stevige broodjes
Semel ● G/H 5
Terwijl je hier in een stevig met eendenborst en venkel belegd broodje bijt, hoor je van de aardige barman dat *semelle* in het Florentijns 'broodjes' betekent. Dat woord hebben de bewoners waarschijnlijk geleerd van de Oostenrijkse keizerlijke soldaten, die het graanproduct *semmel* noemden. Hoe dan ook: de broodjes worden tegenwoordig *panini* genoemd en zijn overheerlijk, of je nou een veganistische variant of een met gebraden speenvarken bestelt, en kosten een luttele € 4, voor een glas wijn betaal je maar € 1. Een must voor wie een informele, ontspannen maaltijd zoekt op een steenworp afstand van de Piazza Santa Croce.
Piazza Lorenzo Ghiberti 44r, ma.-za. 11.30-15.30 uur, broodje € 4

Winkelen

OM ZELF TE ONTDEKKEN

Kunst en kunstnijverheid
bekijk en koop je het
best in de Oltrarno-buurten **San Niccolò** en **San
Spirito:** boeken van houten planken (De Gara),
gepimpte verkeersborden
(Clet), mooie siersculpturen (Dari), vergulde engelen (Castorina), plus in
de kleine winkeltjes veel
ambachtelijk en grappig
design.

In Italië bestaan er geen
algemene **openingstijden.** In Florence is
de vuistregel: in de
zomer ma.-za. 9-13 en
15.30-20 uur en in de
winter tot 19.30 uur.
Grote winkels in de binnenstad zijn doorlopend
geopend en soms ook op
zondag. Op maandagochtend zijn veel winkels
gesloten. Supermarkten
en levensmiddelenzaken
sluiten in de winter op
woensdagmiddag en in
de zomer op zaterdagmiddag hun deuren.

Grote variatie op een klein oppervlak

**Wie dat wil, kan in het stijlvolle winkelgebied rond
de Via Tornabuoni behoorlijk veel geld uitgeven
aan een Armanipak, aan Ferragamoschoenen of
een jurk van Gucci. Maar in Florence vind je niet
alleen exclusieve designmerken. De Via dei Calzaiuoli vormt een gezellige verzameling van boetieks
en winkelketens in alle prijsklassen, tabakzaken en
souvenirshops.**

De exclusieve locatie op de Ponte Vecchio werd in
de 16e eeuw al veroverd door de goudsmeden.
De leerlooiers en -wassers woonden traditioneel
in de buurt rond de Piazza Santa Croce en daar
vind je tot op de dag van vandaag de meeste
lederwarenwinkels. Aan de overzijde van de rivier
liggen de *botteghe* van de kunstambachtslieden,
zoals de vergulders. Ertussen vind je een groot
aantal nieuwe vintageboetieks en winkels die
heerlijke hapjes verkopen.

Het voordeel van shoppen in Florence: in tegenstelling tot de grote metropolen kun je alle
winkelstraten en winkels te voet bereiken en tussendoor de tassen afzetten in het hotel. Meestal
is het niet meer dan een halfuurtje lopen, zelfs
van Oltrarno naar het centrum. Als je voeten pijn
doen, kun je in een van de elektrische bussen
stappen die door het stadscentrum circuleren.
De belangrijkste buslijnen zijn C1, C2, C3 en D.
Lijn C3 en D rijden ook naar Oltrarno (tot aan de
halte bij het Palazzo Pitti).

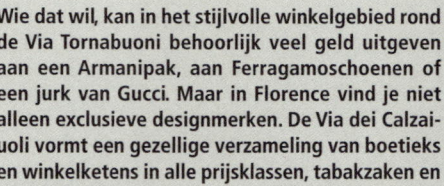

Via Tornabuoni, een van de Florentijnse winkelstraten.

Winkelen

BOEKEN EN MUZIEK

Voor boekenwurmen

Feltrinelli 🛍 kaart 2, E 4
Uitgeverij Feltrinelli heeft de grootste boekhandelsketen van Italië. In het Florentijnse filiaal vind je op drie etages meterslange schappen met boeken, elektronische media, grappige T-shirts en leuke gadgets. Er zit ook een afdeling met taalcursussen, reisliteratuur en reisgidsen over Florence. Andere Feltrinelli-winkels vind je in het treinstation (ook met Engelstalige boeken) en aan de Piazza della Repubblica.
Via Cerretani 40r, www.lafeltrinelli.it, ma.-vr. 9.30-20 uur

Rariteiten en vinyl

Data Records 93 🛍 kaart 2, F 5
Voor muziekliefhebbers is dit een bekend adres. Men verkoopt er niet alleen actuele cd's en dvd's, maar ook rariteiten en vinyl. De winkel is geopend in 1977 als speciaalzaak voor bijzondere new wave-, heavy metal- en rockopnames. Later ontstond het eigen platenlabel, dat de Florentijnse rockband Liftiba uitbracht. Data Records ligt centraal tussen het Palazzo Vecchio en het Uffizi.
Via dei Neri 15r, www.superrecords.com, di.-za. 10-13, 14-19.30, ma. 14-19.30, zo. 15.30-19.30 uur

Het complete spectrum van de jazz

Twisted Jazz Shop 🛍 D 5
In deze winkel met zijn onopvallende winkelpui is meestal alles te vinden wat het hart van de jazz- en bluesfan begeert, of het nu om elpees of cd's met zeldzame opnames gaat. Daarom is de shop ook van onder tot boven volgestouwd. Een echt instituut van de goede muziek, niet alleen voor Oltrarno, maar voor heel Florence.
Borgo San Frediano 21r, ma.-za. 9.30-19.30 uur, en op Facebook

Het 'muziekhuis'

Casa Musicale G. Ceccherini 🛍 F 4
Het Casa Musicale G. Ceccherini is de

O
OVERIGENS

De interessantste winkels heb ik ontdekt tijdens zwerftochten door de stad. Veel zaken zijn een kort leven beschoren en worden algauw vervangen door een nieuwe winkel of een nieuwe trend. Daarom is mijn tip: slenter bij voorkeur door Santo Spirito of Sant'Ambrogio, blijf wat vaker staan en kijk goed. Vaak zitten achter de onopvallendste puien de leukste winkels.

traditionele winkel voor muziekinstrumenten in Florence; verkoop, verhuur en reparatie van alle soorten instrumenten. Zonodig worden de instrumenten voor je gestemd. Dit is bovendien het adres voor versterkers, microfoons, boxen, synthesizers en diverse benodigdheden als cd's en dvd's. Ook als je geen originele Italiaanse viool of mandoline wilt kopen, kun je hier een kijkje komen nemen.
Via Ginori 15r, www.ceccherinimusic.com, ma.-vr. 9-13, 15.30-19.30, za. 9-13 uur

DELICATESSEN EN LEVENSMIDDELEN

Italiaanse specialiteiten

Oleum Olivae 🛍 kaart 2, G 4
Bij Alberto en Margherita koop je niet alleen olijfolie uit Toscane, maar uit alle streken en gebieden van Italië. Ze hebben daarnaast *aceto balsamico*, Toscaanse bonen, kaas en in olie ingelegde groenten. Wie honger krijgt bij het winkelen, kan hier een *panino* laten beleggen.
Via San Egidio 22r, ma.-vr. 10-19 uur

Shoppen & smullen

Olio & Convivium 🛍 kaart 2, D/E 5
Olio & Convivium verkoopt wijn, grappa, olijfolie, ham, Parmezaanse kaas, honing, truffels en ingemaakte producten van de beste kwaliteit. Als bij het zien

99

Winkelen

van alle heerlijkheden het water je al in de mond loopt, kun je te midden van de volle schappen met wijn en een antieke ijskast ook gezellig een hapje eten: salami- en kaasschotels, een bord romige risotto of vistartaar. Okee, het is wat duur, maar er hangt een heel bijzondere sfeer. Je zult absoluut niet worden teleurgesteld!

Via Santo Spirito 4, www.conviviumfirenze.it, ma.-za. 10-19 uur

Brood en beleg
Pane & Co. 🔒 kaart 2, F 5
In deze kleine winkel, vlak bij het Bargello, is niet alleen een groot assortiment Toscaans brood en pizza's verkrijgbaar, maar ook schapenkaas uit Pienza, ham uit Pratomagno en gebak uit Siena. Bovendien is er een verleidelijk, degelijk aanbod van Toscaanse wijn te koop, van chianti tot flessen Toscaanse syrah.

Piazza di San Firenze 5r, ma.-za. 8-20 uur

*Iets voor zoetekauwen:
panforte uit Siena*

Traditionele lekkernijen
Pegna 🔒 kaart 2, F 4
Deze traditionele delicatessenzaak voorziet de Florentijnen en de toeristen al sinds 1860 van kwaliteitsspecialiteiten uit Toscane en uit het buitenland geïmporteerde lekkernijen. Hier vind je ham uit Siena, maar bijvoorbeeld ook Indiase chutney en truffels uit Piëmont. Bij Pegna biedt men keus uit zevenduizend artikelen op slechts een paar minuten lopen van de dom. Een fijn adres om eens uitgebreid rond te snuffelen.

Via dello Studio 8, www.pegna.it, ma.-za. 9.30-19.30 uur

Zoet & lekker
Dolci e Dolcezze 🔒 H 5
Niet heel centraal gelegen, maar wel een van de beste lunchrooms van de stad. Ze hebben alles, van traditionele *panforte* tot chocoladetaart, luxegebak, bonbons en de bekende perentaart (*torta di pera*). Zeer vriendelijke bediening en je komt hier gegarandeerd in de verleiding.

Piazza Beccaria 8r, bus: 8, 13, 14, 31, 32, C2, C3, di.-za. 8.30-20, zo. 9-13, 16.30-19.30 uur

KUNST- EN VLOOIENMARKTEN

Toeristische hebbedingen
Mercato Nuovo 🔒 kaart 2, E 5
Hier bieden de kooplui spullen aan die in trek zijn bij toeristen: lederwaren, T-shirts, kleden, stropdassen, strooien hoeden en souvenirs. In de volksmond wordt deze markt *Mercato del Porcellino* genoemd – dat 'varkentje' verwijst naar het bronzen wilde zwijn op de fontein op de markt. Het schijnt geluk te brengen als je zijn neus aanraakt en een muntje in de fontein gooit.

Loggia del Mercato Nuovo/Via Calimala, di.-za. 8-19.30/20 uur

Snuffelparadijs
Mercato delle Pulci (vlooienmarkt) 🔒 G 5
Op de piazza, in 1378 het toneel van de opstand van de wolwassers, vind je zo ongeveer alles wat je kunt bedenken: meubels, beelden, poppen, boeken, kleding, serviezen snuisterijen. Door de week staan de meeste handelaars op een vaste plek. Op de laatste zondag van de maand komen er kooplui uit de hele streek.

Piazza dei Ciompi, dag. 9-19.30 uur

Markt van de Florentijnen
Mercato di Sant'Ambrogio 🔒 G/H 5
Op deze typische dagmarkt verkopen de boeren uit de omgeving hun producten. Naast verse groenten en fruit en een enorme keus aan kaas en salami worden hier ook kleding en schoenen aangeboden – en veel goedkoper dan in

Winkelen

Elke derde zondag wordt op Piazza Santo Spirito een biologische markt gehouden.

de winkels. Plan beslist een bezoekje in aan deze markt waar de inwoners van Florence dol op zijn.
Piazza Ghiberti, ma.-za. 7-14 uur

Markt in het park
Mercato delle Cascine 🏛 W van A 3
Deze dinsdagmarkt in het Cascinepark is reusachtig en wordt altijd druk bezocht. Veel bezoekers komen van buiten de stad om hier levensmiddelen, fruit en groente of huishoudelijke apparaten, schoenen en allerlei soorten kleding (van hypermodern tot tweedehands) in te slaan.
Viale Lincoln, bus: 6, 13, C3, di. 8-14 uur

Puur biologisch
La Fierucolina 🏛 D 6
Voor de Fierucolina op Piazza Santo Spirito willen Florentijnen wel een zondagswandeling maken. Hier verkopen boeren uit de omgeving biologische groenten, ingemaakte etenswaren, honing, worst, kaas, olijfolie en wijn, en veel kraampjes bieden ook keramiek, houten keukengerei enzovoort.
Piazza Santo Spirito, sept.-juli op de 3e zo. in de maand 9-19 uur

CADEAUS, DESIGN, CURIOSA

Vergulde putti
Castorina 🏛 kaart 2, D 5
In deze *bottega* in Oltrarno komen fans van barokke voorwerpen aan hun trekken. Er zijn zwierige tafels, antiek ogende houten lijsten en spiegels, gipsen decoraties, engelen en putti – en vrijwel alles heeft een gouden glans.
Via Santo Spirito 13-15r, ma.-vr. 9-13, 15-19, za. 9-13 uur

Retrodesign
Soqquadro 🏛 kaart 2, G 4
Met designspullen vanaf de jaren 40 is Soqquadro een echte schatkist voor liefhebbers van 'modern antiek': excentrieke meubels, interieuraccessoires, lampen, speelgoed en ook handtassen. De eigenares Sonia Petricone stelt hier bovendien moderne schilder- en beeldhouwkunst tentoon. Ook alleen even hier rondkijken is absoluut de moeite waard.
Borgo Pinti 13r, https://soqquadrolivingfirenze. wordpress.com, di.-vr. 10-19.30 uur, ma. alleen 's middags geopend, za. alleen 's ochtends

Winkelen

Lampenkappen op maat
Il Paralume 🔊 C 5

Volgens een oude Florentijnse ambachtelijke traditie worden hier lampenkappen voor elk type voet gemaakt. De kappen van geïmpregneerde stof kunnen aan alle materialen en interieurstijlen worden aangepast. Als je een lampvoet hebt waarvoor thuis geen passende kap te vinden is, neem de maten dan op en kijk vervolgens hier eens rond of er iets naar je smaak te vinden is.

Borgo San Frediano 77-79r, www.ilparalume.eu, ma.-vr. 9-13, 15.30-19.30, za. 9-13 uur

Kunststof design
Kartell 🔊 D 4

In de outlet van de Milanese fabrikant Kartell staan mooie (leun)stoelen, tafels, lampen, vazen – allemaal van kunststof en vergeleken met andere merken designmeubels betaalbaar geprijsd. Een van de tijdloze toppers is de stoelenserie *Louis Ghost* van de ontwerper Philippe Starck.

Borgo Ognissanti 52r, ma. 15-19, di.-vr. 10-13, 15-19, za. 10-19 uur

Mooie keukenspullen
Mesticheria Mazzanti 🔊 G 4

Het grote assortiment van Mazzanti bevat veel praktische zaken, zoals scharen en bloempotten, maar ook mooie keukenspullen uit edelstaal en de beroemde Italiaanse koffieapparaten. Spullen die op reis niet erg van pas komen, maar thuis des te meer.

Borgo La Croce 101r, bus: 12, 31, 32, C2, C3, ma.-vr. 8-13, 15-19.30, za. 9-13 uur

Lekkere luchtjes
Olfattorio 🔊 kaart 2, E 5

Een hypermoderne parfumerie in een antiek palazzo met zuilen en beschilderde bogen. Je vindt hier exclusieve merken, zoals het Britse Penhaligon of Les Parfums de Rosine, die niet in elke drogisterij worden verkocht. De verkopers en verkoopsters laten de klanten graag aan de geurwatertjes ruiken.

Via dei Tornabuoni 6r, www.olfattorio.it, ma.-za. 10.30-19.15 uur

Florentijns papier
Pineider 🔊 kaart 2, F 5

Deze winkel bestaat sinds 1774 en was de eerste schrijfwarenhandel van Italië. Vroeger lag Pineider pal aan de Piazza della Signoria en waren Napoleon, Stendhal en Maria Callas hier klant. Je kunt in de zaak nog steeds het prachtige Florentijnse papier in alle kleuren en dessins krijgen, maar ook fraai (en duur) schrijfgerei en lederwaren als aktetassen, portemonnees, handschoenen en tassen; hét adres voor iedereen die voor een mooi souvenir wel iets meer wil betalen.

Piazza dei Rucellai 4/7r, www.pineider.com, di.-za. 10-19.30 uur

Zeer steriel
Farmacia Molteni

🔊 kaart 2, E/F 5

In de buurt van Piazza della Signoria kun je in een middeleeuws palazzo ruiken aan de kruidenmengsels van de Farmacia Molteni. De apotheek werd bekend met de productie van een ontsmettingsmiddel voor water, *steridrolo*, dat in de koloniale oorlogen door de Italiaanse soldaten werd gebruikt. De inrichting herinnert nog aan die tijd. Aan de ouderwetse toonbank word je bediend door meertalig personeel. De apotheek kan de aankopen per koerier naar het buitenland versturen.

Via dei Calzaiuoli 7r, www.farmacia-molteni. com, dag. 24 uur geopend

KLEDING, SCHOENEN, ACCESSOIRES

Unieke kleding
Mrs Macis 🔊 G 4

In deze boetiek vind je allerlei excentrieke modellen: bloesjes in vleermuislook of kleren van jersey uit de jaren 60. Het zijn allemaal unieke stukken, want de ontwerpster Carla Macis, die ook kleding voor Pucci heeft ontworpen, werkt met stofrestjes die ze in heel Italië verzamelt. Erg leuk: hetzelfde model in groot en klein voor moeder en dochter.

Borgo Pinti 28r, ma. 16-19.30, di.-za. 10.30-13, 16-19.30 uur, en op Facebook

Winkelen

Oude chic
Boutique Nadine 🛍 kaart 2, F 5/E 5
In de twee mooi ingerichte winkels (vlak bij de kerk Santa Croce en bij de Ponte Vecchio) is alles verkrijgbaar wat het vintagehartje begeert: merkkleding voor dames en heren, schoenen, accessoires, sieraden en min of meer praktische spullen uit de goeie oude tijd (die je wellicht ook op de vlooienmarkt aan de Piazza Ciompi vindt). Je vindt hier geen koopjes, maar eens lekker snuffelen kan hier fantastisch.
Via de Benci en Lungarno Acciaiuoli 22r, www.boutiquenadine.it, ma. 14.30-19.30, di.-za. 10.30-20, zo. 12-19 uur

Parijs & punk
Lady Jane B Vintage 🛍 G 4
In de trendy wijk Sant'Ambrogio ligt een van de hipste tweedehands winkels van de stad. Het aanbod omvat kleding uit Parijs, maar ook Engelse punkoutfits, schoenen, tassen en accessoires. De eigenaars zijn duidelijk fan van de Britse ontwerpster Vivienne Westwood. In tegenstelling tot veel andere van dit soort winkels zijn de prijzen redelijk.
Via dei Pilastri 32/b, www.ladyjanebvintage.com, ma. 15-20, wo.-za. 15-20 uur

Bont en bizar
Albion Calzature 🛍 E 3
Albion Calzature levert sinds 1952 handgemaakte, excentrieke en minder excentrieke schoenen. Ze kunnen heel kleurrijk en bizar uitvallen of juist klassiek. Elk model kan aan de eigen smaak worden aangepast. Loop binnen en kijk hoe de meester-schoenmaker tussen de rollen bontgekleurd leer zijn leesten maakt.
Via Nazionale 121a/r, alleen 's middags geopend

Maatschoenen
Mannina 🛍 E 6
Calogero Mannina was een van de bekendste schoenmakers van de stad. Sinds zijn dood in 2014 hebben in zijn werkplaats jongere mensen het stokje overgenomen, van wie enkele het vak nog van hem hebben geleerd. Een maatschoen kost minstens € 700. Dit is

Bij Mannina hebben jonge schoenmakers het stokje overgenomen.

weliswaar geen prijs voor de doorsnee portemonnee, maar in het atelier vlak bij de Ponte Vecchio mag iedereen de sfeer komen proeven en toekijken hoe een schoen wordt gemaakt.
Via de Gucciardini 15, www.manninafirenze.com, ma.-za. 9.30-19.30 uur

Runderleer
Il Bisonte 🛍 kaart 2, E 5
Met zijn tassen en accessoires van runderleer heeft Wanni di Filippo het merk met de bizon in het leven geroepen. Hij gebruikt alleen natuurleer en is vooral in Amerika razendpopulair. De tassen zijn weliswaar niet goedkoop, maar kunnen bijna een leven lang meegaan.
Via del Parione 31-33, www.ilbisonte.com, ma. 15-19, di.-za. 9.30-19 uur

Koopjes in de outlet
The Mall 🛍 kaart 4
In het Factory Outlet Center 35 km ten zuidoosten van de stad vind je alle Italiaanse modemerken, maar wel lager geprijsd dan in de boetieks in Florence. De pendelbus komt je afhalen in je hotel, maar de bussen van SITA zijn goedkoper.
Via Europa 8 in Leccio Reggello, www.themall.it, dag. 10-19 uur; pendelbus vanaf je hotel, Piazza Repubblica (halte bij het Savoy) of het centraal station (halte voor McDonalds) retour € 25, reserveren tel. 055 865 77 75; van het SITA-busstation, Via Santa Caterina da Siena 17, vlak bij het centraal station, enkele reis € 5

Uitgaan

OM ZELF TE ONTDEKKEN

Florence heeft geen uitgaansstraat, zoals veel andere Europese steden. 's Avonds ontmoeten mensen elkaar in de buurt rond de **Mercato di Sant'Ambrogio** of op de **Piazza Santo Spirito** in San Niccolò. Daar duurt de Florentijnse nacht het langst. Soms worden er concerten gegeven. Op de piazza kun je blijven zitten tot aan het ochtendrood, ook als de gelegenheden aan het plein allang gesloten zijn. De eerste bars gaan dan alweer open en het uitgaanspubliek slurpt voor vertrek nog aan een warme cappuccino. Sommige muzieklokalen liggen even buiten het centrum bij het **treinstation Campo di Marte**. In het stadscentrum rond de **dom** liggen wel een paar bars en disco's, maar het echte uitgaansleven vind je hier niet.

Het lekker laat maken

Op warme zomeravonden zijn alle pleinen van de stad bezet, klinkt op elke straathoek muziek en zijn de cafés stampvol. Maar buiten het hoogseizoen is de stad 's avonds zo goed als uitgestorven, zodat veel toeristen ontmoedigd aan hun hotelbar blijven zitten. Maar schijn bedriegt.

Tirare tardi – laat thuiskomen – vinden de Florentijnen fijn en ze hebben daarvoor zo hun favoriete tentjes: cafés, disco's en bars die tot diep in de nacht geopend zijn. In de laatste jaren moesten de bewoners zich vaak buiten het centrum vermaken, omdat het op veel plaatsen in de binnenstad om 1 uur afgelopen was. Nu mag ook in het *centro storico* weer tot laat worden gefeest (afhankelijk van de vergunning).

De stemming komt er pas na middernacht goed in. In de muziekclubs klinken jazz, swing, blues, funk, pop en ook veel muziek van eigen bodem. Vooral jazz is weer 'in'. De concerten beginnen meestal pas na 22 uur, dus nadat er in alle rust is gegeten. In sommige lokalen, vooral die met een cultureel programma, moet je nog de *tessera* (clubpas) aanschaffen, die tussen € 5 en € 10 kost en waarbij een drankje soms is inbegrepen. Dit systeem stamt nog uit de tijd dat in Italië veel clubs vanwege de belasting als vereniging geregistreerd stonden. De nieuwere lokalen bieden daarentegen de hele mik: lunch, aperitief met buffet, avondeten en culturele evenementen; 'concept bar' is nu de trend.

Tirare tardi – het 's avonds lekker laat maken.

Uitgaan

BARS EN KROEGEN

American Bar
Rex Café ⚙ G 4
Dit vlak bij de Piazza Sant'Ambrogio gelegen café was een van de eerste *American bars* in Florence en is nog altijd een trendy lokaal. De avond begint aan de lange toog met een aperitief dat tot de beste van de stad behoort. Een cocktail kost ongeveer € 10 en de mojito is in de hele stad beroemd. Laat op de avond komen er dj's in actie; ook livemuziek.
Via Fiesolana 25r, tel. 055 248 03 31, www.rexcafe.it, dag. 18-3 uur

Goeie sfeer
Zoe ⚙ F 6
Zoe behoort tot de belangrijkste hangouts voor nachtvlinders. Cocktails en bier van de beste kwaliteit, dat geldt eveneens voor het buffet bij het aperitief. Verder vind je er volop muziek en een goeie sfeer. Op warme avonden als het er stampvol is staan de gasten van Zoe met hun glas in de hand buiten op de stoep. Op donderdag is er een *discoteca*.
Via de' Renai 13r, tel. 055 24 31 11, do.-za. 19.30-2 uur

Zelfgebrouwen bier
Il Bovaro ⚙ C 5
In een oud gebouw brouwen de broertjes Venturi volgens traditionele technieken hun eigen bier en tappen ze het vers uit het vat. Verder vind je hier specialiteiten uit de streken Trentino en Veneto. De familie Venturi is de enige in Florence en omgeving die bier uit het eigen vat in het aanbod heeft.
Via Pisana 3r, tel. 055 220 70 57, www.ilbovaro.it, zo.-do. 19-1, vr., za. 19-2 uur

Vlak bij de dom
Old Stove Duomo ⚙ kaart 2, E 4
Het bekendste café van de stad is twee verdiepingen hoog. Als je veel geluk hebt, kun je een tafeltje op het kleine balkon bemachtigen. Vandaar lijkt het nabijgelegen baptisterium bijna voor het grijpen. Een cocktail kost hier € 8.
Piazza San Giovanni 4r, tel. 055 28 02 60, dag. 9-2 uur

Origineel
The Fiddler's Elbow ⚙ kaart 2, E 4
Fiddler's was de eerste Ierse pub in de stad aan de Arno en is bij mensen van allerlei pluimage heel geliefd. De vier zalen zijn origineel ingericht met meubels en spullen van de antiek- en vlooienmarkt.
Piazza Santa Maria Novella 7a, tel. 055 21 50 56, www.thefiddlerselbow.com, dag. 12-2 uur

Niet voor iedereen
Montecarla ⚙ F 6
De voormalige club van eenzame zielen, waaraan de kitscherige inrichting nog herinnert, is het beroemde en beruchte nachtlokaal van de Florentijnse scene. De sfeer is hier relaxed. Men chillt op sofa's of raakt aan de bar in gesprek met vreemden. En altijd is er wel iemand aan het dansen. Je houdt ervan of

---

TIPS & INFO

Tips voor evenementen: de eerste plek om te kijken is het scenekrantje 'Lungarno' (www.lungarnofirenze.it). Meer tips vind je in 'Firenze Spettacolo' (www.firenzespettacolo.it), 'Informa Città' (www.infomacitta.net), in toeristenmagazine 'The Florentine' (www.theflorentine.net) en op de website van het toeristenbureau (www.firenzeturismo.it/events). Alle websites bieden Engelstalige info.
Voorverkoop kaarten: kaartjes voor evenementen, maar ook voor festivals als Maggio Musicale en Firenze Estate, zijn verkrijgbaar bij het ticketbureau Box Office, Via delle Vecchie Carceri 1, tel. 055 21 08 04, www. boxofficetoscana.it.

Uitgaan

> ### K
> **OUWE KNAR**
>
> De opknapbeurt van de voormalige gevangenis **Le Murate** in de wijk Sant'Ambrogio vormt een van de interessantste architectuurprojecten van Florence. Een deel van de cellen is verbouwd tot mooie sociale woningen, stuk voor stuk voorzien van een balkon of een wintertuin aan de binnenplaats. Op de begane grond is een culturele plek gecreëerd. Het **Caffè Letterario** (✿ H 5, Piazza delle Murate, www.lemurate.it, ma.-vr. 8.30-1, za., zo. 11-1 uur) houdt lezingen, filmavonden, tentoonstellingen en concerten ('s zomers op de binnenplaats). In het café kun je lunchen en avondeten en bij het *aperitivo* mag je snoepen van het buffet. In het complex vind je ook een boekwinkel en Box Office, het voorverkooppunt met kaartjes voor voorstellingen in de stad en in de regio Toscane.

je houdt er niet van. Loop eens binnen en proef de sfeer.
Via de Bardi 2, dag. 22-6 uur

Salsa
Eby's Latin Bar ✿ kaart 2, G 4
Eby's Latin Bar zit midden in het centrum onder de sfeervolle bogen van San Piero. Ze serveren shotjes en cocktails met vers fruit, rum, tequila en vruchtensap voor bij de salsamuziek. Je kunt er voor € 4,50 een burrito of andere snack bij bestellen. Tijdens het happy hour (18-22 uur) zijn de prijzen lager.
Via dell'Oriuolo 5r, tel. 055 247 76 53, ma.-za. 9-3 uur

Minimalistisch chic
Rivalta (Ex Capocaccia)
✿ kaart 2, E 5
Het trefpunt van Florences rijke en mooie jeugd is in wit en minimalistisch-chic ingericht. Bij het aperitief

krijg je het uitzicht op de Arno gratis. In het weekend is de toeloop zo groot dat het feest regelmatig op straat wordt voortgezet.
Lungarno Corsini 12r, tel. 055 21 07 52, di.-zo. 12-2 uur

Vip-lounge
Colle Bereto ✿ kaart 2, E 5
Dit is de stamkroeg van de mooie en beroemde mensen, genoemd naar de wijnmaker Colle Bereto, wiens wijnen hier natuurlijk geschonken worden. Onder in de gewelven kun je zitten bij gedempt licht. Boven vind je een mix van vip-lounge en dansvloer. Buiten staan bovendien fraaie fauteuils om in weg te zinken. De sfeer is internationaal.
Piazza Strozzi 5r, tel. 055 28 31 56, ma.-za. 9-3, zo. 17-3 uur

Charme van vroeger
Moyo ✿ kaart 2, F 5
Moyo behoort tot de oudere bars in de stad. De vroegere charme is wat verbleekt, maar bij het aperitief loopt de grote zaal vol. Later op de avond kun je luisteren naar livemuziek of vinylsound. Van woensdag tot en met zaterdag wordt er opgetreden door dj's. In dit etablissement is roken toegestaan – voor veel nachtvlinders een niet onbelangrijk argument.
Via dei Benci 23r, tel. 055 247 97 38, www.moyo.it, zo.-do. 8-2, vr., za. 8-3 uur

Kunst en drankjes
Piccolo Caffè ✿ kaart 2, G 5
In deze sympathieke bar, die ook een populair trefpunt is voor homo's en lesbiennes, gaan de Florentijnen iets drinken met hun vrienden. Er worden vaak exposities en concerten georganiseerd. Op zaterdagavond is het hier altijd stampvol.
Borgo Santa Croce 23r, tel. 055 200 10 57, dag. 17-2 uur

Veelzijdig
Slowly ✿ kaart 2, E 5
Slowly, tussen de Lungarno en de dom Santa Maria Novella, is zowel restaurant en loungebar als muziekcafé in een chi-

Uitgaan

STADSSTRAND

Easy Living ☼ G 6
In de schaduw van de middeleeuwse toren van San Niccolò verschijnt 's zomers aan de Arno-oever het stadsstrand Easy Living met een bar, tuinrestaurant en een sportaanbod. Op een van de ligstoelen kun je de zon boven Florence zien ondergaan.

Aan de bar ontmoet je leuke mensen en kun je verfrissende sapjes, lekkere cocktails, pasta's en salades bestellen. De jonge Florentijnen zijn er dol op (Spiaggia sull'Arno, Piazza Giuseppe Poggi, tel. 055 2341112, www.easy livingfirenze.it, 's zomers bij goed weer dag. 10-1.30 uur).

que ambiance. Na de lunch (12-14.30 uur) kun je chillen in de gemakkelijke leren leunstoelen voordat het *aperitivo* (19-22 uur) overgaat in de nacht, met cocktails en muziek van de dj. De mannen die hier achter de bar staan, zijn echte professionals en heel aardig.
Via Porta Rossa, 63r, www.slowlycafe.com/slowly, tel. 055 264 53 54, dag. 12-2.30 uur

film, design, fotografie en kunst aan elkaar worden geplakt. Daarom noemt het zichzelf ook wel Alternative Concept Space. Er worden voornamelijk rockconcerten gegeven met een aftershow-dj-optreden.
Via Manfredo Fanti 20, www.gluefirenze.com, bus: 10, 17, 20, wo.-za. 21-2 uur, toegang met clubpas € 10

....

LIVEMUZIEK

....

Rock en meer
Glue ☼ ten NW van A 1
Glue (Engels voor lijm) is minder een lokaal dan een project, waarin muziek,

Nieuwe en oude bands
Combo Social Club ☼ ten NO van K 1
Even buiten het centrum, in de nabijheid van het treinstation Campo di Marte, ligt de Combo Social Club. Live vind je er nieuwe bands, Balkangroepen, rock en alles wat mogelijk is. Zelfs

Uitgaan

Zoe, trefpunt van nachtvlinders.

de tarantella, de traditionele muziek uit Apulië, kun je hier beluisteren. Na afloop wordt er gedanst. Bij de club hoort het restaurant Binario 99, dat een 'sloop de crisis-menukaart' heeft.
Via Manelli 2, tel. 055 340 53 85 830, www.combosocialclub.com, do.-za. 19-3 uur

Alternatief
Auditorium Flog ☼ ten N van E 1
Ook Auditorium Flog ligt iets buiten het centrum in de wijk Rifredi. Hier geven niet alleen bekende bands concerten, maar vinden ook gayfeesten en disco's zonder glitter en glamour plaats. Muziek uit de jaren 80, rock en reggae. De prijzen liggen lager dan in de andere uitgaansgelegenheden van Florence.
Via Michele Mercati 24, tel. 055 47 79 78, www.flog.it, bus: 4, 8, 20, 28, dag. 21.30-2 uur, concerten ca. € 10

JAZZ

Voor insiders
Jazz Club ☼ G 4
De voordeur met een kapotte brievenbus doet nauwelijks vermoeden dat erachter een van de beste clubs van de stad schuilgaat. Hier kunnen jazzfans uit

hun dak gaan. Elke avond is er een concert, behalve jazz ook blues, funk en nu beat. Daarna draait een dj de hele nacht door. Dit is nog een echte jazzkelder en dat al sinds 1979. Een van de weinige gelegenheden waar mensen van alle leeftijdscategorieën samenkomen.
Via Nuova de Caccini 3, tel. 339 4980752, di.-zo. 23.30-4 uur, clubpas € 5

Laboratorium van de jazz
Pinocchio Jazz ☼ ten Z van K 6
Deze tent wordt beschouwd als het 'laboratorium van de jazz'. Tal van bekende namen uit de Italiaanse jazzwereld, zoals Enrico Rava en Stefano Bollani, hebben er opgetreden, maar ook jonge talenten krijgen een kans. Pinocchio Jazz ligt weliswaar niet centraal, maar is met de bus goed bereikbaar.
Viale D. Giannotti 13, tel. 055 68 33 88, www.pinocchiojazz.it, bus: 8, 23, 31, 32, 33, okt.-mrt., concerten 21.45 uur, toegang € 7-13

DANSEN

Muziek voor elke smaak
Tender Club ☼ D 3
De club Tender ligt vlak bij het treinstation Santa Maria Novella. Naast dj-optredens staan er liveconcerten op het programma, waarbij Italiaanse en buitenlandse rock- en popgroepen hun ding komen doen. De eerste muziekclub in Florence van internationale allure organiseert ook concerten en dj-optredens in het Auditorium Flog.
Via Alamanni 4, www.tenderclub.it, toegang gratis

Chic adres
Full up ☼ kaart 2, F 5
Deze discotheek ligt in de modewijk – in de kelder van het Palazzo Baldini – en het publiek is uiteraard stijlvol gekleed. Soms duiken hier bekende voetballers op. De zaak bestaat sinds de jaren 60 en is bekend bij de nachtvlinders in Toscane. Er zijn rookzones en op zaterdag 'specials' voor gays.
Via della Vigna Vecchia 23r, tel. 055 29 30 06, www.fullupclub.com, okt.-mei di.-za. 21-4 uur

Uitgaan

Megadisco
Space Club ☼ D 4
De disco Space Club vind je in de buurt van het treinstation Santa Maria Novella. Op de twee etages samen is ruimte voor achthonderd bezoekers. Boven wordt gedanst op house, hiphop en op muziek uit de hitlijsten en golden oldies, en dat alles opgeluisterd met een grote lasershow. Beneden zijn de bar en een aquarium met piranha's de grote trekpleisters.
Via Palazzuolo 37r, tel. 055 29 30 82, www.spaceelectronic.net, dag. 23-3.30 uur

Top-dj's
Tenax ☼ ten NW van A 1
Een begrip onder de nachtclubs van Florence. In Tenax speelden tientallen jaren geleden al David Byrne en Spandau Ballet. Vandaag de dag draaien hier de beste Italiaanse dj's. Er wordt gedanst op progressive house, bigbeat en hip-hop en natuurlijk op jaren 80-sound. Bovendien vallen hier optredens van bekende Italiaanse en buitenlandse bands bij te wonen.
Via Pratese 46r, tel. 055 30 81 60, www.tenax.org, bus: 29, 30, di., do.-zo. 23-3 uur

In de mode
Yab ☼ kaart 2, E 4
Chique disco met een restaurant in het stadscentrum vlak bij de Piazza della Repubblica. De naam is een afkorting van 'you are beautiful' en de ambiance en de bezoekers zijn al even modieus. De hoofdattractie is de grote dansvloer met uitgebreide lichteffecten. Voor drankjes kun je kiezen uit vier bars. De muziek om op te dansen is doorgaans hiphop en house, maar de muziek en dj's wisselen per avond.
Via Sassetti 5r, tel. 055 21 51 60, www.yab.it, okt.-mei ma., wo.-za. 22-3 uur

---

FESTIVALS

Maggio Musicale Fiorentino
Het beroemdste festival van de stad bestaat sinds 1937 en behoort met Bayreuth en Salzburg tot de belangrijkste klassieke festivals van Europa. In april-juni zijn er opera's, balletten en kamerconcerten. De meeste uitvoeringen vinden plaats in het nieuwe **Teatro dell'Opera di Firenze** (☼ B 3, Via Vittorio Gui 1) en in het barokke **Teatro della Pergola** (☼ kaart 2, G 4, Via della Pergola 12/32, www.pergola.firenze.it). Ook worden sommige voorstellingen opgevoerd in de unieke entourage van een renaissancekerk, een beroemd plein of zijn te bewonderen in de Bobolituin. De kaartjes kosten tussen € 10 en € 100. Info en kaartjes onder andere op www.operadifirenze.it.

Estate Fiorentina
Elk jaar organiseert de stad van mei tot september een festival met verschillende evenementen onder de blote hemel in het Cascinepark, op de pleinen en in de concertzalen van Florence. Estate Fiorentina is bijzonder internationaal georiënteerd en het programma loopt uiteen van multimediavoorstellingen tot hedendaagse kunst, concerten, dans en toneel. Informatie onder andere op Facebook (www.facebook.com/estatefiorentina).

Musica dei Popoli
Het festival van de 'volksmuziek' bestaat sinds 1979 en is uitgegroeid tot een van de voornaamste evenementen op het gebied van internationale folk en etnomuziek. Naar dit festival, dat altijd in oktober in het **Auditorium Flog W Live** (☼ ten N van E 1, Via Michele Mercati 24, www.flog.it) plaatsvindt, komen muzikanten uit de hele wereld. Informatie en kaartjes op www.musicadeipopoli.com.

Reisinformatie

AANKOMST

Toscana Aeroporti 📖 kaart 4
De bescheiden luchthaven van Florence ligt in de voorstad Peretola, ongeveer 5 km ten noordwesten van het centrum.
Informatie: tel. 055 306 13 00 (centrale), tel. 055 306 13 02 (vermiste bagage), www.aeroporto.firenze.it.
Pendelbus: de snelle bus van ATAF of Sita verbindt het vliegveld met het busstation Galleria bij het centraal treinstation Santa Maria Novella (circa een halfuur). De bus rijdt elke 30 minuten van 5.30-23 uur in beide richtingen. Een kaartje (€ 5) is verkrijgbaar in de bus en de tijdschriftenwinkel op het vliegveld.
Taxi: een rit naar het centrum kost € 20. Voor de bagage in de kofferbak betaal je € 1 per stuk. 's Nachts en op feestdagen geldt een toeslag van € 5,30. Vermijd de toeristenjagers bij de uitgang van het vliegveld en ga naar de officiële taxistandplaats.

Aeroporto Galileo Galilei
📖 kaart 4
Het vliegveld ligt 2 km van Pisa en ongeveer 80 km van Florence en is een van de drukste luchthavens van Italië.
Informatie: tel. 050 84 93 00 (vluchten) en tel. 050 84 91 11 (centrale), www.pisa-airport.com.
Trein: het station van de luchthaven ligt buiten bij de vertrekhal. De treinen rijden dagelijks tussen 6.30 en 22.30 uur naar het treinstation Santa Maria Novella in Florence. De rit duurt zo'n 1,5 uur. Kaartjes voor een enkele reis (circa € 6, 2e klas) zijn verkrijgbaar bij de toeristeninformatie in de aankomsthal van het vliegveld, zie ook www.trenitalia.it.
Bus: de bussen van Terravision rijden dagelijks tussen 8.48 en 23.35 uur naar het treinstation Santa Maria Novella in Florence (ongeveer 1 uur) en de luchthaven Firenze-Peretola (ongeveer 70 minuten). Een enkeltje naar het station

kost € 6. De kaartjes worden verkocht in de aankomsthal van het vliegveld, zie ook www.terravision.eu.
Taxi: er staan altijd taxi's klaar. Een rit naar het centrum van Pisa kost rond € 10, naar het centrum van Florence tussen € 100 en € 150. Tel. 050 54 16 00.

TOERISTENINFORMATIE

Uffici Informazioni Turistiche 📖 F 4
Via Cavour 1r, tel. 055 29 08-32/-33, 055 29 08 33, ma.-vr. 9-18, za. 9-14 uur, informatie over kamerverhuur, vervoersbewijzen, evenementen, rondvaarten en taalcursussen.

Infopoint Stazione Centrale 📖 D 3
In het centraal treinstation, Piazza della Stazione 5, tel. 055 21 22 45 (gemeente), ma.-za. 9-19, zo. 9-14 uur

Infopoint Aeroporto di Firenze-Peretola (Amerigo Vespucci)
In de aankomsthal *(Arrivi)* van het vliegveld, tel. 055 31 59 74.

Op internet
www.firenzeturismo.it: op deze officiële website van het toeristenbureau Citta Metropolitana Firenze staat informatie in het Engels over bezienswaardigheden, rondleidingen, praktische tips, evenementen en het weer.
www.comune.fi.it: de website van het gemeentebestuur behandelt actuele problemen, openbaar vervoer, de verkeerssituatie en dergelijke. Er is ook informatie voor toeristen.
www.aboutflorence.com: Engelstalige website met goede, brede informatie. Beperkt zich niet tot toerisme, maar geeft ook praktische tips voor alledag – van taalcursussen tot wasserettes.
www.firenzespettacolo.it: online versie van het theatermagazine, met actuele Engelse informatie over kunst, bioscoop, theater, concerten, feesten, restaurants en kindervoorstellingen.

Reisinformatie

REIZEN MET EEN HANDICAP

Voor actuele informatie kun je terecht bij het toeristenbureau en op www. firenzeturismo.it (klik op 'Informazioni turistiche', 'Informazioni utili' en 'Firenze senza barriere' (o.a. in het Engels). Een aangepaste service wordt geboden door de taxibedrijven So.Co.Ta. en Co.Ta.Fi.

VEILIGHEID EN NOODGEVALLEN

Florence is geen gevaarlijke stad, maar zakkenrollers zijn er altijd, vooral op de Ponte Vecchio, in de Via dei Cerretani (van het centraal treinstation naar de dom), op de toeristenmarkten San Lorenzo en Mercato Nuovo en voor het Uffizi. Tassen en rugzakken moet je altijd voor op het lichaam dragen. Laat je auto niet achter op een onbewaakte parkeerplaats!
Aangifte kun je doen bij de Carabinieri, 🕮 D 4, Borgo Ognissanto 48, tel. 112, of bij het Commissariato di Polizia, 🕮 G 4, Via Pietrapina 50r (Piazza dei Ciompi), tel. 055 20 39 11.
Bij **ongevallen** en **noodgevallen** kun je de Florentijnse politie altijd bereiken op tel. 055 328 33 33.

Medische noodgevallen
Tourist Medical Service: tel. 055 47 54 11 (🕮 F 2, Via Lorenzo Il Magnifico 59, meertalige particuliere dokterscentrale.).
Azienda Ospedaliera Universitaria Meyer: tel. 055 566 21 (🕮 ten noorden E 1, Viale Pieraccini 24, www. meyer.it, ziekenhuis met een afdeling voor kinderen).

Apotheken met 24 uursdienst
Farmacia Molteni: tel. 055 21 54 72 (🕮 kaart 2, E/F 5, Via dei Calzaiuoli 7r)
Farmacia Comunale: tel. 055 21 13 43 (🕮 D 3, in het centraal treinstation Santa Maria Novella, Piazza della Stazione)

Alarmnummers
Algemeen alarmnummer: tel. 112.

Politie: tel. 113.
Brandweer: tel. 115.
Ambulance: tel. 118.
Bescherming van toeristenrechten: tel. 055 29 08 32 (in het toeristenbureau, Via Cavour 1r).
Alle bankpassen / creditcards blokkeren: tel. 0031 (0)30 283 53 72, zie ook www.pasblokkeren.nl of tel. 0032 (0)70 34 43 44, zie ook www.cardstop.be.

OPENBAAR VERVOER

Voor het gladjes reilen en zeilen van het openbaar vervoer in Florence is het bedrijf ATAF (Azienda Trasporti Area Fiorentina) verantwoordelijk. Maar omdat de meeste bezienswaardigheden dicht bij elkaar liggen, zijn toeristen meestal niet afhankelijk van de bus. Wie in het stadscentrum een hotel heeft, kan alle bezienswaardigheden gemakkelijk te voet bereiken. En zelfs vanuit Oltrarno is dat mogelijk.

ATAF
Informatiebureau bij het centraal treinstation Santa Maria Novella, tel. 800 42 45 00, www.ataf.net, ma.-vr. 7.30-19.30, za. 7.30-13.30 uur.

Stadsbussen
In Florence rijden 85 bussen van de Azienda Trasporti Area Fiorentina (ATAF). Omdat de buslijnen elk jaar veranderen, heb ik alleen bij adressen buiten het stadscentrum de nummers aangegeven. Bovendien hebben de busstations verwarrend genoeg geen naam. Haal een actuele plattegrond van het busnet bij het toeristenbureau, aan het ATAF-loket bij het centraal treinstation, of kijk op de ATAF-website of download de gratis app Ataf 2.0 op je smartphone. Hieronder vind je een overzicht van de voor toeristen belangrijkste **buslijnen**. Al deze bussen rijden ook na middernacht.
Lijn 6: Via Novelli – Ospedale Torregalli.
Lijn 7: Via Cavour – San Domenico – Fiesole.

Reisinformatie

Lijn 12/13: Stazione Centrale Santa Maria Novella (centraal treinstation) – Piazzale Michelangelo.

Elektrische bussen

Wie niet wil lopen (of kan lopen), stapt in het stadscentrum in de milieuvriendelijke elektrische bussen die zelfs door de smalle straatjes van de historische binnenstad (lijn C, D) rijden. Op alle haltes staan de lijnnummers en de routes aangegeven. Een precieze dienstregeling met de tijden staat er meestal niet. Hieronder vind je een overzicht van de **lijnen** van de elektrische bussen.

C1: van het centraal treinstation naar het parkeerterrein Parterre via de Piazza San Giovanni (Dom), Uffizi, de Piazza di Santa Croce en Via Cavour (en terug via San Lorenzo).

C2: van het centraal treinstation naar de Piazza Beccaria via de Piazza San Giovanni, de Piazza della Signoria, de Piazza di Santa Croce, Via dell'Agnolo (en terug door Via Oriuolo).

C3: van het voormalige treinstation Leopolda naar de Piazza Beccaria via de Ponte alla Carraia, Piazza Santo Spirito, Palazzo Pitti, Ponte Vecchio, Ponte alle Grazie, Piazza di Santa Croce (en terug via Piazza di Santa Croce, Uffizi, Ponte alla Carraia).

D: van het centraal treinstation naar de Piazza Ferrucci via de Ponte Vespucci, Piazza Tasso, Palazzo Pitti (en terug via de Ponte alle Grazie, Uffizi, Porta San Frediano, Ponte Vespucci).

Tram

Momenteel wordt een tramnet met drie lijnen aangelegd. De eerste lijn, vanaf het Stazione Santa Maria Novella naar de zuidwestelijke voorstad Scandicci, is al in bedrijf.

Bus- en tramkaartjes

Kaartjes (*biglietti*) voor bus en tram zijn verkrijgbaar bij automaten, in tabakszaken (*tabacchi*), in bars met het oranje ATAF-teken en aan het ATAF-loket in het Stazione Santa Maria Novella. De kaartjes zijn 90 minuten geldig en kosten € 1,20 (in de bus € 2). Voor een boekje met vier enkeltjes betaal je € 4,70, voor een 24 uurskaart € 5 en voor een driedagenkaart € 12. De *biglietti* zijn pas geldig als je ze bij de automaat hebt afgestempeld. De boete voor zwartrijden is stevig en kan oplopen tot € 50.

Agile Card: dit is een handige chipkaart: voor € 10, 20 of 30 laad je 10, 20 of 35 ritten die bij de automaat in de bus worden afgeschreven.

Taxi's

Op alle belangrijke pleinen zijn taxistandplaatsen, zoals bij het centraal

---

LIEVER GEEN AUTO (NIET ALLEEN VANWEGE HET MILIEU)

In Florence heb je aan een auto niet veel. Florence is een van de weinige steden waarvan het centrum bijna geheel is afgesloten voor niet-Florentijnse auto's: de binnenstad is overdag (ma.-vr. 7.30-20, za. 7.30-16 uur) **Zona di Traffico Limitato** ofwel ZTL. Toeristen mogen in de ZTL wel naar hun hotel rijden om te laden of te lossen of de hotelparkeerplaats te bereiken. Historische gedeelten, zoals de Piazza della Signoria, de Piazza del Duomo of de Ponte Vecchio, zijn afgesloten voor alle verkeer.

Parkeren kan alleen in parkeergarages of op meestal dure parkeerterreinen, waar het uurtarief € 1,50 à 3 bedraagt. Je kunt je auto tijdens je verblijf beter op een parkeerterrein buiten het Centro Storico (oude binnenstad) achterlaten. Je hebt dan de keus tussen het parkeerterrein **Parterre** (📖 G 1) boven de Piazza della Libertà of het grote terrein **Fortezza Fiera** (📖 D 2) dat tussen het centraal treinstation en het Fortezza da Basso ligt. Meer informatie vind je op www.firenzeparcheggi.it.

treinstation, op de Piazza della Signoria en de Piazza della Repubblica. Basistarief (*inizio corsa*) overdag € 3,30, 22-6 uur € 6,60, zo. en feestdagen € 5,30, bagage (max. vijf stuks) € 1 per stuk. Meer **informatie** over taxi's bij de Societa Cooperativa Tassisti, www. socota.it (ook in het Engels); Radiotaxi tel. 055 47 98, 055 42 42; Co.Ta.Fi., tel. 055 43 90, 055 44 99.

Huurauto
Alle grote autoverhuurbedrijven hebben filialen in het centrum en bij het vliegveld. Het is meestal voordeliger om van tevoren te boeken.
Let op: de verzekeringsvoorwaarden zijn meestal minder goed dan in Nederland. Loop in elk geval de auto na op beschadigingen of krassen voordat je hem in gebruik neemt en zorg voor een all-riskverzekering, anders kan schade op jou persoonlijk verhaald worden.

RONDLEIDINGEN

www.guidesinflorence.it
De vereniging van officiële stadsgidsen biedt rondleidingen in diverse talen. Een klassieke stadswandeling duurt ongeveer 3 uur.

Associazione Guide Turistiche
Fiorentine 📖 kaart 2, G 5
Via Verdi 10r, tel. 347 737 83 74. Prijs afhankelijk van de grootte van de groep, bijvoorbeeld een rondleiding voor maximaal dertig personen (max. 3 uur) € 130.

Centro Guide Turismo
📖 kaart 2, G 5
Via Ghibellina 110r, tel. 055 288476, www.centroguidetoscana.it. Halve dag (tot drie uur) voor een groep tot veertig personen € 140.

Walking tours
(begeleide wandeltochten)
📖 kaart 2, E 5
Via Sassetti 1, tel. 055 264 50 33, www.italy.artviva.com. De tocht Floren-

T
THRILLER

Als je bij een stadsrondleiding graag de rillingen over je rug laat lopen, kun je het spoor van Dan Browns thriller *Inferno* volgen. Tot de griezelige, sfeervolle locaties op de rondleiding behoren de geheime gangen van het Palazzo Vecchio, het Uffizi, het Casa di Dante, de doolhof in de Boboli-tuin en natuurlijk de Gang van Vasari. Op internet zijn diverse aanbieders van rondleidingen en tours te vinden. Ik raad de rondleidingen van www.florenceinferno. com/walking-tours/inferno aan (ook in het Engels gegeven).

ce in One Day (circa € 100 per persoon) bestaat uit drie wandelingen waarvoor ook apart ingetekend kan worden. 'The Original Florence Walk' kost € 29.

Stadsrondritten in een dubbeldekker
Route A dag. 9-19/23 uur elk halfuur, Route B dag. 10-19/21 uur elk uur, www.firenze.city-sightseeing.it, kaartje € 25, met korting € 12,50. Met een hop-on-hop-off-kaartje kun je 48 uur lang op twee routes bij alle haltes in- en uitstappen. Route A begint bij het Stazione Santa Maria Novella en brengt je naar de Piazzale Michelangelo (een uur). Route B begint ook bij het Stazione Santa Maria Novella en brengt je naar Fiesole (twee uur). Je krijgt een koptelefoon waarmee de bezienswaardigheden onderweg worden verhelderd. Kaartjes zijn te koop in de bus en in veel hotels.

Boottocht 📖 kaart 2, F 5
Rondvaart van 45 minuten met de **renaioli** (historische houten boten) vanaf de Lungarno Diaz. Tel. 347 798 23 56, www.renaioli.it, volwassene € 15, kind tot 12 jaar € 7,50, kind tot 7 jaar gratis; je kunt je het best van tevoren aanmelden.

Hoe zegt u?

Buongiorno

Goeiedag, hallo

BRINDELLONE

Tijdverspiller, lanterfanter
(maar ook de naam van een
typische trattoria in Oltrarno)

Bellino il 'hannino!

Wat een mooie hond (Ital. cane)!
*Compliment voor Fikkie van de
buurman in Florentijns dialect*

Il conto, per favore!

De rekening,
alstublieft!

**Quando il Monte Morello c'ha
il cappello, fiorentino piglia
l'ombrello.**

Als de Monte Morello (een berg bij Sesto
Fiorentino) een (wolken)hoed op heeft,
neemt de Florentijn zijn paraplu mee.

grullo

Domoor

BABBO

Papa (in het Florentijns)

Citrulli 'home te e ce n'he pohi.

Zulke sukkels als jij zijn zeldzaam.
*In het Italiaans zeg je: Stuoidi
come te sono pochi.*

Grazie!

Bedankt!

PREGO!

Alsjeblieft,
graag gedaan!

Ci si becca in Santo Spirito

We zien elkaar op de Piazza Santo Spirito!
Typische afspraak in Florentijns jeugd-slang

Register

Aankomst in Florence 110
Aeroporto di Firenze-Peretola 110
Aeroporto Galilei, Pisa 110
Agile Card 112
alarmnummers 111
Alberti, Leon Battista 45
Albion Calzature 103
ambachtslieden 11, 74
Amblé 96
Anna Maria Ludovica 53
Antica Farmacia Santa Maria Novella 47
Antica Trattoria Palle d'Oro 50
Antico Vinaio 27
aperitief 72, 96
apotheken 111
Appartamenti Reali 67
Apple Store 39
Arno 4, 15, 20, 107
ATAF 111
Auditorium Flog 108, 109
avant-garde 78

Badia Fiorentina 40
baptisterium van San Giovanni 7, 34, 35
Bargellino 87
barok 45
bars 105
Bar Vivoli Gelateria 93
B&B Cimatori 88
Beatrice (van Dante) 40
begraafplaats 65
Beppa Fioraia (trattoria) 64
Biblioteca delle Oblate 4, **35**
Biblioteca Medicea Laurenziana 54
Biennale d'Arte Contemporanea 5
Bisonte 103
bistecca fiorentina 49, 50, 90
Bistrot del Mare 96
bloedbad Piazza Tasso 75
boeken 26, 39, 99

boottocht 23, 113
Bottega dei Ragazzi 59
Bottega del Gelato 23
Botticelli, Sandro 81
Boutique Nadine 103
Bovaro 105
Brindellone 93
Brown, Dan 40, 113
bruggen 8, 22
Brunelleschi, Filippo 33, 59, 67, **71**
buskaartjes 112
bussen 111

Cabiria Winebar 76
Caffè Amerini 91
Caffè degli Artigiani 68
Caffè Giacosa 42
Caffè Letterario 106
Caffè Sant'Ambrogio 97
Caffeteria delle Oblate 4, **35**
Calcio Storico 8, 60, 61
campanile 32, 34, 35
Cantinone del Gallo Nero 94
Cappella Brancacci 70, 71
Cappella dei Magi 55
Caputi, Angela 44
Cartoleria Vannucchi 31
Casa Buonarroti 62
Casa di Dante 40
Casa Musicale G. Ceccherini 99
Cascine 5, **84**
Casinò del Cavaliere 69
Castorina 101
Catharina de'Medici 128
CCC Strozzina 79
Cellini, Benvenuto 22
Cellini-buste 4, 9, 22
centrum 10
Chianinarund 50
chianti 51
Cibrèo 97
Cimitero delle Porte Sante 65
Cioccolateria Pasticceria Moltobene 91
Cipolla Rossa 46
Clet, Abraham 65, 128

clubpas 104
Colle Bereto 106
Colonna dell'Abbondanza 37
Combo Social Club 107
coperto (couvert) 90
Corridoio Vasariano 21, 69, 82
Cosimo I 21, 25, 53
Cosimo de'Medici 53
cultuur, moderne 79

Dan Brown-rondleiding 113
Dante 40, 128
Dante, grafmonument van 61
Da Panicale, Masaccio en Masolino 72
Dari, Alessandro 65
Data Records 93, 99
David (beeld) 29
De Gara, Giovanni 65
delicatessen 99
De'Medici, Alessandro 53
De'Medici, Giovanni 52
De'Medici-familie 6, 8, 11, 24, 29, 41, 52, 66, 85
design 101
dialect, Florentijns 6, 114
dichters 6
discotheken 108
Divina Enoteca 51
dokterscentrale 111
Dolce Vita 72
Dolci di Patrizio Cosi 91
Dolci e Dolcezze 100
Donatello 29
Duomo Santa Maria del Fiore 4, **32**, 33, 35, 82

Easy Living 107
Eby's Latin Bar 106
eerste hulp 111
elektrische bussen 112
Enoteca Fuori Porta 64
Estate Fiorentina 109
eten bij de locals 93
eten en drinken in Florence 90

115

Register

evenementen, tips voor 105

Fallaci, Oriana 128
familiewapen van de De'Medici's 53
Farmacia Molteni 102
Fattoria San Michele a Torri 62
Feltrinelli 39, 99
Ferragamo, Salvatore 43, 128
Festa del Grillo 85
festivals 109
Fierucolina 101
fietsen **51**, 79
fietspaden 7, 9
film 5
Finisterrae 95
Firenzecard 80
Florence by bike 51
Florence in cijfers 8
Florentijnen 6, 128
florijn 8
Floroom 1 en 2 89
Focacceria Pugi 56
fooi 90
Forte di Belvedere 67, **85**
fotografie-museum 78
Francesco I 25
Frescobaldi 30
Full up 108

Galleria d'Arte Moderna 67
Galleria degli Uffizi **24**, 80
Galleria del Costume 69
Galleria dell'Accademia 59, 80
Galleria Palatina 67
Gallery Art Hotel 89
Gang van Vasari 21, 69, 82
gehandicapten 111
Gelateria Edoardo 34
Ghirlandaio, Domenico 46
Giardino Bardini 84
Giardino dei Semplici 57
Giardino delle Rose 85
Giardino di Boboli 66, 69

Gilardini 44
Gilli 37
Giubbe Rosse 37
Glue 107
Golden View Open Bar 23
gotische bouwkunst 45
goudsmeden 22
Gucci, Guccio 43
Gucci, winkel van 43
Guscio 93

Hangsloten 9, 22
historische wijken 10
hoofdstad van Italië 8
hop-on-hop-off-kaartje 113
Hostel Archi Rossi 87
Hostel Firenze Plus 87
Hotel Azzi Locanda degli Artisti 88
Hotel Collodi 88
Hotel Dalì 87
Hotel David 89
hotels 86
Hotel Silla 89
huisnummers 10
huurauto 113

Informatie 110
Ippogri Fo 75

Jazz 108
Jazz Club 108
jeugdherbergen 86
Joodse gemeenschap 79
juweliers 22

Kaartjes (evenementen) 105
kaartjes reserveren (musea) 26, 34
kamerbemiddeling 86
Kartell 102
kerken 81
kleding 41, 102
klimaat 7
kookcursussen 51
kopergravures 75
korting (musea) 80
Koto Ramen 96
Lady Jane B Vintage 103

lampredotto (pens) 4, 49
Latini 94
lederwaren 55, 62
leerbewerkers 61
Leggenda dei Frati 68
Leonardo da Vinci 8, **83**
Le Pavoniere, zwembad 84
Libreria Brac 93
Libreria La Cité 72
Lippi, Filippino 72
literair café 106
Loggia dei Lanzi 31
Loggia del Bigallo 35
Loggia del Grano 26
Lorenzo De'Medici il Magnifico 53
luchthaven 110

Machiavelli, Niccolò 77
maffia 9
Maggio Musicale Fiorentino 85, 109
Mandarina Duck 44
Mannina 9, 103
Mario 50
markten **48**, 55, 100
Megara 42
Ménagère 97
Mercato Centrale di San Lorenzo 4, **48**, 90
Mercato delle Cascine 101
Mercato delle Pulci 100
Mercato di Sant'Ambrogio 100
Mercato Nuovo 39, 100
Mescita Fiaschetteria 95
Mesticheria Mazzanti 102
Michelangelo 29, **58**, 62, 128
Michelangelo, grafmonument van 61
milieuvriendelijk vervoer 112
Minias, de heilige 64
Miso di Riso 92
modemuseum 69, 79
Mona Lisa (schilderij) 83
Monna Lisa (hotel) 89
Monte alle Croci 64
Montecarla 105

Register

Moyo 106
Mrs Macis 102
Murate 106
musea 9, **24**, 67, 78, 80
Museo degli Argenti 69
Museo del Ciclismo Gino Bartali 79
Museo della Fondazione Roberto Cappucci 79
Museo delle Porcellane 69
Museo dell'Opera del Duomo 35
Museo di Storia della Fotografia Alinari 78
Museo Fiorentino di Preistoria 78
Museo Galileo 27
Museo Marino Marini 79
Museo Nazionale del Bargello 38
Museo Novecento 5, 78
Museo Stefano Bardini 78
museumlandschap van Florence 80
Musica dei Popoli 109

Napoleone (trattoria) 72
Neptunusfontein 31
Nerbone 4, **49**
noodgevallen 111

Ognissanti 81
Old Stove Duomo 105
Oleum Olivae 99
Olfattorio 102
Olio & Convivium 99
Oliviero 95
Oltrarno 11, **74**
openbaar vervoer 111
openingstijden 50, 76, 98
Orazio Nencioni 39
oriëntatie 10
Or San Michele 38
Ortolano 92
Ostello Tasso 87
Ostello Villa Camerata 87
Osteria del Caffè Italiano 95

overnachten 86
overstroming Arno 8, 21, 47, 61

Palazzina della Meridiana 69
Palazzo Bombicci 31
Palazzo Davanzati 83
Palazzo dei Canonici 35
Palazzo dell'Antella 60
Palazzo dell'Arte della Lana 38
Palazzo Gondi 83
Palazzo Machiavelli 77
Palazzo Martelli 83
Palazzo Medici Riccardi 55
Palazzo Pitti 11, 21, **66**
palazzo's 83
Palazzo Salviati 40
Palazzo Strozzi 79, 83
Palazzo Uguccioni 31
Palazzo Vecchio 21, **29**, 31, 53, 55
Pane & Co. 100
pantheon 61
Paralume 102
Parco della Musica e della Cultura 85
parken en tuinen 11, 57, 69, 84
parkeren 112
Paszkowski 37
Pegna 100
Pelù, Piero 128
Pennello 39
Pepò 95
Peposo 33
Piazza del Duomo 32
Piazza della Passera 68
Piazza della Repubblica 36
Piazza della Signoria 10, 11, **28**
Piazza di Sant'Ambrogio 97
Piazza Firenze 38
Piazzale Michelangelo 65
Piazzaletto dell'Indiano 85
Piazza San Marco 56
Piazza Santa Croce 8, **60**

Piazza Santo Spirito **76**, 90, 104
Piazza SS Annunziata 59
Piazza Tarquinio Tasso 74
Piccolo Caffè 106
picknick 5
Pineider 102
Pinocchio 65, 88, 128
Pinocchio Jazz 108
Pizzaiuolo 94
politiek 6
Ponte Santa Trinità 22
Ponte Vecchio 4, 8, 9, **20**
Pop Café 76, 77
Porta del Paradiso 35
Portinari, Beatrice 40
Povero Pesce 96
Procacci 42
Prosciutteria 27
Pucci, Emilio 43
Pucci (kledingwinkel) 43

Quinoa 93

Raccolta 91
regen 5
reisinformatie 110
renaioli 23
renaissance (architectuur) 33, 35, 52, 60, 70, 83
renaissancebeelden 59
renaissanceschilderijen (museum) 78
renaissanceschilders 25, 71
Rex Café 105
ribollita 8, 95
Rinascente 39
Ristoro dei Perditempo 92
Rivalta (ex Capocaccia) 106
rondleidingen 77, 113
Room with a view 5
Rose's 96
Ruth's 91

Sanctissimus (betekenis) **59**
San Gallo 58
San Giovanni 10
San Lorenzo (kerk) 53

117

Register

San Lorenzo (wijk) **49**, 52
San Marco (kerk) 57
San Marco (wijk) 56
San Miniato al Monte 63
San Niccolò (wijk) 65
Santa Croce (kerk) 6, 10, **60**, 61
Santa Croce (wijk) 10
Santa Felicità 82
Santa Margherita de' Cerchi 39, 40
Santa Maria del Carmine 71
Santa Maria Maddalena de' Pazzi 82
Santa Maria Novella 10, **45**
Sant'Ambrogio 82
Santa Trinità 81
Santi Apostoli 81
Santo Spirito (kerk) 70, 71
Santo Spirito (wijk) 10, **70**
Savonarola, Girolamo 31, 57
schoenen 9, 102
schoenmakers 44, 103
scooter 7
Scuola del Cuoio 62
Semel 97
Sergio 54
signori 29
Sinagoga e Museo Ebraico 79
Slowly 106
Soqquadro 101
souvenirmarkt 55
Space Club 109
Spedale degli Innocenti 59

stadsbussen 111
stadsrepubliek 38
Stazione Santa Maria Novella 47, 110
Stendhal 6
Stendhalsyndroom 6
straatkunstenaars 16
strand (in Florence) 4, 107
streetfood 49

Tamerò 76, 77
Taverna Dioniso 58
taxi 112
Teatro della Pergola 109
Teatro dell'Opera di Firenze 85, 109
Teatro Romano 30
Tenax 109
Tender Club 108
tessera (clubpas) 104
Tharros Bijoux 44
The Bench 93
The Fiddler's Elbow 105
The Mall 103
toeristen 9
toeristeninformatie 110
Tornabuoni 41
Torre di Arnolfo 30
Toscana Aeroporti (luchthaven Florence) 110
Tourist House Ghiberti 87
tram 112
Tribunale della Mercanzia 31, 43
Tweede Wereldoorlog 8, 75
Twisted Jazz Shop 99
Uffici Informazioni Turistiche 110

Uffizi **24**, 80
uitgaan 104
uitzicht, mooi 26, 30, 34, 35, 64, 69
UNESCO-werelderfgoed 8
uniformen, politie 43
universiteit, hoofdgebouw van de 57

Vasari, Giorgio 25
Vegetariano 91
veiligheid 111
Venus van Botticelli 128
vergulders 9, 75
verkeersopstoppingen 7
Via dei Neri 27
Via delle Belle Donne 44
Via Maggio 75
Vineria Zanobini 51
voetballen, gekostumeerd 8, 60, 61
Volume 77

websites (toeristische informatie) 110
wijnschool 51
wijnwinkel 49, 51
winkelen 41, 98
Wow Florence Hostel 88

Yab 109

Zà-Zà 95
ziekenhuis 111
Zoe 105
Zona di Traffico Limitato (ZTL) 112
zwemmen 84

Notities

Notities

Notities

121

Notes

Notities

Notities

Notities

125

Fotoverantwoording

DuMont Bildarchiv, Ostfildern: blz. 27 o., 90 (Anzenberger-Fink); 120/2 (Widmann)
Fotolia, New York (VS): blz. 36 (Andronov); 120/9 (Bagett); 38 (borisb17); 45 (Gone-WithTheWind); 65 (Italianphotoagency); 81 (Kistryn); 31 (Rupert)
Getty Images, München: titelblad (Sesaud); blz. 48 (Freeman); 120/1 (Graffeo); 120/4 (Lezza)
Glow Images, München: blz. 16/17 (Engelmann); 12/13, 57 (Stockfotos)
iStockphoto, Calgary (Canada): blz. 43 (Ames); 35 (Gerlach); 100 (Sanniely)
laif, Köln: blz. 120/5 (API); 32 (Arcaid/Clapp); 24 (Bungert); 20, 37, 63 (Celentano); 120/3 (contrasto); 56 (Conti/contrasto); 67, 69, 108 (Galli); 85 (Harding); 61 (Hauser); 86 (Kirchgessner); 50, 73, 80 (Mattes/hemis.fr); 120/6 (Orrù/contrasto); 78/79 (Stand); 64, 92, 98, 101 (Steinhilber); 60 (VANNUCCI/NYT/Redux)
Michaela Namuth, Rome: blz. 5, 21, 40, 44, 88, 89, 103, 120/7
picture-alliance, Frankfurt am Main: blz. 120/8 (LEEMAGE/MAXPPP)
Schapowalow, Hamburg: omslagflap achter, blz. 27 b., 28, 52, 94 (Amantini); 104 (Amantini/SIME); 70, 77 (Borchi/SIME); 8/9, 41 (Canali/SIME); 49 (Carassale/SIME); 4 b., 82 (Cellai/SIME); 59 (Cozzi); 47, 66, 71, 74, 84, 107 (Cozzi/SIME); 4 o., 7, 14/15 (Rellini/SIME); 29 (Ripani/SIME); 55 (Simeone/SIME)
Tekeningen: omslagflap voor, blz. 2, 11, 30, 33, 46, 61 (Konopik)

Colofon

Hulp gevraagd!
De informatie in deze reisgids is aan verandering onderhevig. Het kan dus wel eens gebeuren dat je ter plaatse een andere situatie aantreft dan de auteur. Is de tekst niet meer helemaal correct, laat ons dat dan even weten.

Ons adres is:
Uitgeverij ANWB
Redactie KBG
Postbus 93200
2509 BA Den Haag
anwbmedia@anwb.nl

Productie: Uitgeverij ANWB
Coördinatie: Els Andriesse
Tekst: Michaela Namuth
Vertaling: Hester Colijn
Eindredactie: Gerard Harmans
Opmaak: Hubert Bredt
Concept: DuMont Reiseverlag
Grafisch concept: Eggers+Diaper
Cartografie: DuMont Reisekartografie
© 2017 DuMont Reiseverlag

© 2017 ANWB bv, Den Haag
Eerste druk
ISBN: 978-90-18-04109-0

Alle rechten voorbehouden
Deze uitgave werd met de meeste zorg samengesteld. De juistheid van de gegevens is mede afhankelijk van informatie die ons werd verstrekt door derden. Indien die informatie onjuistheden blijkt te bevatten, kan de ANWB daarvoor geen aansprakelijkheid aanvaarden.

Herinner je je deze nog?

9 van 382.961 Florent

Salvatore Ferragamo
Deze schoenmaker en -ontwerper vond de kurken sleehakken uit die Marilyn Monroe zo mooi vond.

Pinocchio
Ook de houten pop met de lange 'liegneus' komt uit Florence. De schrijver Carlo Collodi schreef zijn sprookje in het Palazzo Ginori.

Catharina de'Medici
introduceerde als vrouw van koning Hendrik II de Florentijnse uiensoep en de vork in Frankrijk.

Clet
De Franse streetartkunstenaar is een zelfverklaard Florentijn en woont in Oltrarno. Zijn gepimpte verkeersborden hangen in de hele stad.

Venus van Botticelli
kan door bewonderaars in het Uffizi van dichtbij worden bekeken. Haar schoonheid gold in de renaissance als ideaal.

Piero Pelù
De Florentijnse zanger en zijn band Litfiba rocken niet alleen in Italië.

Dante
aanbad in Florence zijn Beatrice, die echter met een ander trouwde, en schreef hier zijn *Hel*.

Oriana Fallaci
De schrijfster van de bestseller *Un uomo* is een van de bekendste en meest omstreden auteurs van Italië.

Michelangelo
De grote renaissancekunstenaar keerde steeds naar Florence terug en hakte hier zijn *David*.